믿음의 사도

스미스 위글스워스처럼

SMITH WIGGLESWORTH,
APOSTLE OF FAITH

Originally Published in the U.S.A
under the title Smith Wigglesworth, Apostle of Faith

• 본문의 성경구절은 '개역개정판 성경'을 사용하였습니다.

믿음의 사도

스미스 위글스워스처럼

스탠리 H. 프롯쉠 지음
오태용 옮김

베다니출판사

CONTENTS

1부 시작

2부 관계

살아 있는 그리스도인

살아 있는 그리스도인이란 무엇인가? 어떤 사람을 말하는가? 그들은 다른 무엇보다도, 일생을 통하여 그들의 말과 본이 다른 사람을 구주께로 인도하기를 바라고, 그들이 행한 용서와 기쁨과 평안을 다른 사람들이 발견할 수 있기를 바란다.

그런 그리스도인들의 궁극적 소망은 그들이 발견한 회심자나 그들의 저작을 통해서 사후에도 계속 열매 맺기를 바라는 것이다.

스미스 위글스워스 Smith Wigglesworth, 20세기 초 가장 잘 알려진 오순절 복음 전도자 중 한 명 는 이런 고상한 목표를 갖고 살았다. 그는 다른 사람을 구주께로 인도하고 하나님의 말씀을 믿게 하는 일에 항상 준비되어 있었다. 일부 사람들은 그가 사람들이 주님을 믿도록 하는 일에 매우 열심을 냈다고 말하기도 했다.

그의 전기는 그의 사후 1947년 3월 12일 사망 75년 이상 계속 출판이 되고 있다. 그것은 이 세대가 위글스워스의 감동적인 믿음의 삶을 높이 존경하고 있다는 증표이다.

훌륭한 역사가는 과거를 전달하는 자 그 이상이다. 그들은 우리 대부분이 간과하고 있는 분명한 사실들을 찾아낸다. 탐정처럼 활동하면서 정보를 분석하고, 그것의 주제에 대해 결론을 낸다. 바로 그것이 스탠리 H. 프롯쉠 Stanley H. Frodsham 이 그의 사랑하는 친구 스미스 위글스워스의 삶과 인생을 바라본 방식이다. 그 결과로 감동적이고 통찰력이 풍부한 자서전이 탄생되었다. 믿음에 있어서 마치 개천에서 용이 난 이야기의 전형이라 할 수 있다.

위글스워스의 처음 48년은 세상을 진동시킬 만한 것이 결코 아니었다. 그는 배관공이었다. 그는 결혼한 후까지도 글을 잘 읽을 수가 없어 그의 아내가 그를 가르치기도 하였다. 그는 품위가 있었으며, 그리스도를 전하는 적극적인 복음 전도자로서 평판을 얻었고, 지역 선교회에서 조력자로 돕기도 하였지만, 설교는 늘 그의 아내가 담당했다.

그러나 스미스 위글스워스가 그의 고향인 영국의 브래드포드 Bradford 를 넘어서 세계에 널리 알려질 것을 강하게 암시해 주는 한 가지가 있었다. 그 한 가지란 그가 몸이 아프고 병든 사람들을 위해 기도할 때 '그들이 치유를 바로 받아버리는 것'이었다.

그러했음에도 불구하고, 직업을 그만두고 사역을 시작하게 된 계기는 그가 영국 성공회 지도자인 알렉산더 Alexander 와 메리 보디 Mary Bodie 의 사역을 통해 성령세례를 받기 전까지는 오지 않았다.

그가 성령세례를 받고 난 후 40년 동안 그의 이름은 전 세계에 걸친 구원과 치유 집회에 쓰임 받았다. 그의 사역은 교회들에 활력을 불어넣었고, 하나님 나라를 위해 전 지역에 지대한 영향을 미쳤다. 그리하여 영국 브래드포드 출신의 전직 배관공이 놀라운 '믿음의 사도'로 알려지게 된 것이다.

이제, 그가 죽은 지 한 세대 이상이 지났지만, 스미스 위글스워스는 계속해서 신자들을 축복하며 영감을 주고 있다. 이와 같은 책들을 통해, 그는 지금도 여전히 사람들의 마음을 열어서 구주를 만나고 하나님의 말씀에 대한 믿음을 갖도록 도전하고 있다. 그는 진정 살아 있는 그리스도인이었다.

웨인 워너

하나님의 성회 기록보관소 소장

은혜를 입은 자

스미스 위글스워스 Smith Wigglesworth(1859-1947) 는 하나님의 은혜로 놀라운 아내를 만나 얼마나 많은 덕을 입었는지 항상 감사했다. 그뿐만 아니라 그는 또한 영특한 딸을 주신 것에도 감사했다. 우리가 1909년에 처음으로 그의 집을 방문했을 때 그의 딸 앨리스 위글스워스 Alice Wigglesworth 는 아프리카에서 첫 학기를 보내고 있었다. 아침부터 저녁까지 위글스워스의 대화의 주제는 늘 '우리 앨리스'였다.

1913년에 위글스워스 부인이 일찍 53세 본향으로 간 후에, 앨리스는 어머니가 돌아가신 후 제임스 솔터와 결혼함 대부분 어머니를 대신해서 아버지와 함께 세계 여러 나라를 방문하여 집회를 했다. 특히 아버지의 말년 몇 해 동안은 더욱 그랬다. 어머니와 마찬가지로 영성 있는 사역을 한 것이다. 위글스워스 목사는 그가 직접 말씀을 전하기 전에 늘 딸을 격려해서 불같은 메시지로 성도들을 일깨우게 했다.

앨리스 위글스워스의 남편 제임스 솔터 James Salter 는 벨기에령 콩고에 있는 그의 선교 일터로 몇 번이고 홀로 돌아오기를 마다하지 않았다. 스미스 위글스워스가 그의 딸 앨리스를 동반해 다니는 것을 너무도 고맙게 생각한다는 것을 알았기 때문이다. 솔터 또한 그의 장인과 함께 여러 번 선교 여행을 하면서 그의 모든 비즈니스 용무를 덜어주고 그 자신의 독특하고 영감 있는 선교 메시지로 위글스워스 전도부흥 운동을 보완해주었다.

스미스 위글스워스는 우리가 생각하는 것 이상으로 이들 두 충성스러운 조력자들의 도움을 받았다. 더불어 이 책도 그들이 제공해준 대량의 정보 덕분에 세상에 나오게 된 것이다. 사실은 그들이 직접 이 책을 써야 마땅했지만, 그들은 이 책 출판의 공로를 다른 사람이 인정받아야 한다고 주장했다.

제공받은 자료를 편집해서 저자로 이름을 올린건 나지만, 이 책의 내용에 대한 공로는 그의 사위와 딸인 제임스와 앨리스 솔터 부부에게 돌려야 마땅하다는 사실을 인정한다.

스탠리 H. 프롯쉠

1부

시작

1

처음에는 싹

1859년은[1] 아일랜드 대부흥의 해로 알려져 있다. 그보다 앞선 2년 전에는 강력한 대각성 운동이[2] 미국에서 일어났다. 대도시마다 기도회가 열렸고, 수천 명이 참석했다. 사람들이 하나님께 부르짖자 주의 성령이 강하게 역사하셨다. 어림잡아 매주 5만 명이 회심했다. 1857년 미국의 부흥 운동과 1859년 아일랜드의 부흥 운동 소식은 영국 사람들에게 기도의 불을 지폈다. 얼마 안 있어 부흥의 불길은 영국 전역에 불타기 시작했다. 찰스 스펄전 Charles Haddon Spurgeon(1834–1892) 은 런던에서 엄청난 군중들에게 복음을 전했으며, 예배마다 수많은 사람이 예수 그리스도를 구주와 주님으로 영접

---

1 1859년: 아일랜드의 얼스터에서 시작된 부흥 운동이 영국 전역으로 퍼져나갔다. 주로 장로교 중심이었고, 주일 예배는 오전 9시부터 밤 10시까지 시간대별로 예배했는데, 이때 회심자가 10만 명이었다.

2 미국의 대각성 운동: 1차(1730–1755), 2차(1790–1840), 3차(1855–1930) 등으로 분류된다. 본서에 언급된 대각성 운동은 3차에 속한 것으로, 1857–1859년 뉴욕을 중심으로 평신도 기도운동이 불같이 일어났다. 이때 매주 1만 명이 교회에 등록했고, 100만 명이 회심하여 교회에 들어왔다.

했다.

영국 웨일스 Wales 에서는 크리스마스 에반스[3] Christmas Evans(1766–1838) 가 놀라운 전도사역을 펼치고 있었다. 집회마다 회심자들은 너무나도 행복이 넘쳐서 기뻐 춤추곤 했다. 에반스는 그들을 제지하려고 하지 않았다. 이 때문에 수십 명의 불신자가 바로 그 '말할 수 없는 기쁨'을 맛보기 위해 그리스도를 찾았다. 동시에, 영국 전역의 웨슬리 감리교회에 참석하는 많은 사람의 마음이 '이상할 정도로' 따뜻해졌다.

전도자 중의 하나인 윌리엄 부스 William Booth(1829–1912) 는 특별나게 쓰임 받았다. 1859년에 그는 웨슬리 교회와 단절하고 오로지 전도사역에 집중하며 런던의 동쪽 끝 슬럼가를 그의 첫 사역지로 선택했다. 죄인 중의 괴수가 가장 위대한 성자로 변하여 영국 전역을 돌며 복음을 전했다. 감리교 목사였던 부스는 후에 구세군 Salvation Army 을 창설했다.

이처럼 부흥이 일어난 해인 1859년에 영국 요크셔의 멘스턴, 초라한 오두막집에서 스미스 위글스워스 Smith Wigglesworth(1859–1947) 가 태어났다. 그가 캘리포니아의 리버사이드에서 집회를 인도하던 어느 날, 우리는 그에게 물었다.

---

3 크리스마스 에반스: 일찍 부친을 여의었던 그는 문맹이었고 농장 노동과 하인 생활을 하며 한쪽 눈까지 실명하는 불운을 겪었다. 하지만 신앙으로 극복하고 자습하여 위대한 설교자가 되었다. 로이드 존스 목사는 그를 가리켜 영국에서 침례교가 낳은 최고의 설교자라고 평가했다.

"목사님의 이야기를 해주실 수 있을까요?"

그는 우리에게 자신의 얘기를 들려주었다.

위글스워스의 어린 시절

나의 아버지는 매우 가난했다. 어머니와 우리 3남 1녀를 부양하기 위해 쥐꼬리 만한 보수를 받고 장시간 일했다.

기억나는 일이 있다. 어느 찬 서리가 내린 날, 나의 아버지는 길이가 7야드 6.4미터, 깊이가 1야드 0.9미터 되는 도랑을 파고 그것을 다시 메꾸는 일을 맡았는데, 보수는 고작 3실링 6펜스 약 87센트 였다. 어머니 말로는 그가 조금만 기다렸으면 땅이 녹아 일하기가 훨씬 쉬웠을 것이라고 했다. 그러나 아버지는 먹을 양식을 위해 그 돈이 필요했다. 집에 먹을 것이 하나도 없었으니까 말이다. 그래서 아버지는 곡괭이로 작업을 시작했다. 서리의 두께가 1야드 0.9미터 는 족히 되었지만, 딱딱한 땅 밑은 부드럽고 젖은 진흙이었다. 아버지가 이 작업을 어느 정도 하고 있을 때, 울새 한 마리가 갑자기 나타나 벌레 하나를 잡아먹고 근처의 나뭇가지로 날아가더니 거기서 즐거운 노래를 불러댔다. 그때까지 아버지는 낙담해 있었는데, 그 울새의 사랑스러운 감사의 노래에 매료되어 새로운 용기를 얻고 다시 활력을 내어 땅을 파기 시작하면서 이런 말을 했다.

"저 울새가 벌레 하나를 위해서 저렇게 노래할 수 있다면, 나도 나의 착한 아내와 나의 멋진 네 자녀를 위해 아버지답게 일할 수 있는 거야!"

나는 여섯 살 때 들판에서 일자리를 얻어 순무를 뽑고 씻는 일을 했다. 기억나는 것은 아침부터 저녁까지 순무를 뽑느라 내 작은 두 손이 얼마나 아팠는지 모른다. 일곱 살 때는 형과 내가 모직공장에 일하러 갔다. 나의 아버지는 같은 공장에서 방직공으로 취업했다. 그때부터는 우리 집 형편이 훨씬 나아져서 먹을 것이 더 풍부해졌다.

나의 아버지는 상당한 새 애호가였다. 한때 우리 집에는 지저귀는 새가 열여섯 마리나 있었다. 나 역시 아버지를 닮아 새를 굉장히 사랑해서 기회만 되면 새 둥지를 찾아 나서곤 했다.

나는 새 둥지가 8, 90개 정도 있는 곳을 항상 알고 있었다. 한번은 내가 어린 새들로 가득한 둥지를 발견했는데 버려진 줄로 생각하고 집으로 가져가 내 침실에 공간을 마련해주었다. 그런데 어찌된 일인지 어미 새들이 그들을 발견했고 내 방 열린 창문을 통해 날아들어와서 어린 새들을 먹이곤 했다. 한 번은 개똥지빠귀와 종달새 두 마리가 내 방에서 어린 새들에게 먹이를 주기도 했다. 형들과 나는 끈끈이로 지저귀는 새를 몇 마리 잡아서 집으로 가져와 후에 시장에서 팔기도 했다.

나의 어머니는 바느질에 능해서 주로 어머니가 받은 헌 옷으로 우리들의 옷을 전부 만들어주셨다. 나는 보통 소매가 3, 4인치 7.6-10센티미터 더 긴 외투를 입었는데, 추운 날씨에는 대단히 아늑했다.

나는 그 시절의 긴 겨울밤과 아침 5시에 침대에서 나와 재빨리 식사를 해치우고 2마일 3.2킬로미터 걸어서 6시까지 일터에 나갔던 때를 잊을 수 없다. 우리는 매일 12시간을 일해야 했으며 나는 종종 아버지께 이렇게 말씀드렸다.

"공장에서 오전 6시부터 오후 6시까지의 시간은 유독 길어요."

아버지가 내 말에 답을 하실 때 아버지의 눈에 눈물이 글썽이는 것을 본 기억이 있다.

"음, 그래도 6시는 어김없이 올 거야."

때로는 그 시간이 한 달 같이 느껴지기도 했다.

나는 하나님을 간절히 사모하지 않은 때를 도저히 회상할 수 없다. 아버지도 어머니도 하나님을 알지 못하셨지만, 나는 항상 하나님을 구하고 있었다. 나는 종종 들판에서 무릎을 꿇고 하나님께 "나를 도와주세요"라고 간구했다. 나는 특히 새 집이 어디에 있는지 찾을 수 있게 해달라고 하나님께 기도했다. 기도한 후에는 정확히 어디를 보아야 할지 알아내는 본능이 있는 것 같았다.

한번은 천둥을 동반한 폭우가 심할 때 걸어서 일터로 갔다. 천둥이 치고 번개가 번쩍일 때 나는 30분 동안 마치 불길에 휩싸인 것 같았다. 나이는 어렸지만, 나의 마음은 하나님께서 지켜 보호해주시기를 부르짖고 있었다. 그랬더니 하나님께서 나를 그의 은혜로운 임재 안에 감싸주셨다. 번개에 휩싸이고 온몸이 흠뻑 젖었지만, 나는 전혀 두렵지 않았다. 하나님의 능력으로 내가 보호받고 있다는 것을 느낄 뿐이었다.

나의 할머니는 옛날의 웨슬리 감리교도로, 본인이 참석하는 집회에 나를 데려가곤 하셨다. 내가 여덟 살이었을 때 할머니의 교회에서 부흥 집회가 열렸다. 기억이 나는데 어느 주일 아침 7시에 참석한 사람들 모두가 교회 중앙의 큰 난로 주위에서 춤추며 손뼉을 치고 노래를 불렀다.

오 어린양, 피 흘리는 어린양,
갈보리의 어린양,
죽임 당하신 어린양,
나를 위해 중보하시려고
다시 사신 어린양!

회심 그리고 더 깊은 영적 생활

내가 손뼉을 치며 그들과 함께 찬양할 때, 새로운 탄생 거듭남 에 대한 명백한 지식이 내 영혼 안으로 들어왔다. 나는 갈보리 어린양을 우러러보았다. 그분이 나를 사랑하시고 나를 위해 죽으셨다는 것을 믿었다. 생명 곧 영생 이 들어왔고 나는 하나님에게서 온 새 생명을 받았다는 것을 알았다. 나는 거듭났다. 하나님께서 우리를 너무나 원하시기에 조건을 가능한 단순하게 하셨다. “믿기만 하라”는 것이다. 그 경험은 실제적이었다. 그래서 나는 그날 이후로 나의 구원을 의심해본 적이 한 번도 없었다.

나는 말수가 적었다. 오래 살수록 생각은 더 많아졌지만, 내 생각을 표현하는 언어는 줄어들었다. 이러한 부분이 나의 어머니를 닮았다. 어머니가 이야기를 시작하면, 말의 조리가 없어서 아버지가 이런 말로 끼어들어야 했다.

“아니, 여보, 다시 말해봐!”

어머니는 말로 자신을 표현할 줄 몰랐고, 나도 마찬가지였다. 그러나 나는 집회, 특히 모두가 간증하는 집회에 참석하는 것이 즐거웠다. 나는 나의 간증을 하려고 일어나곤 했지만, 내 영의 깊은 곳에서 느끼는 바를 전달할 만한 단어가 없었다. 그래서 나는 언제나 울부짖곤 했다.

그런데 기억에 남을 만한 어느 날이었다. 내가 아주 가깝게 알고 있던 노인 세 사람이 말을 못하고 울고 있는 나에게로 다가와 내게 안수했다. 주의 영이 나에게 임하였고, 나는 즉시 속박으로부터 해방되었다. 나는 믿을 뿐 아니라 또한 말도 할 수 있게 되었다.

나는 회심한 때부터 영혼을 구원하는 자가 되었다. 내가 그리스도께로 인도한 최초의 사람은 나의 사랑하는 어머니였다.

아홉 살이 되었을 때 나는 키가 컸다. 그래서 나는 공장에서 풀타임 일자리로 직장을 얻었다. 그 당시에는 학교가 의무교육이 아니었기 때문에 나는 교육을 받지 못했다.

아버지는 우리가 모두 성공회 교회로 다니길 원하셨다. 아버지

자신은 교회 나갈 마음이 없었지만, 그 교구 주임 사제를 좋아했다. 그 둘은 같은 선술집에서 만나 함께 맥주를 마셨기 때문이다. 나의 형과 나는 성공회 교회의 성가대에 섰다. 나는 악보를 읽을 줄 몰랐지만 찬송가의 곡조는 금방 배웠다. 성가대에 선 아이들은 대부분 열두 살의 나이로 주교로부터 견진성사[4]를 받아야 했다. 주교가 나에게 안수했을 때 나는 열두 살이 아니라 아홉 살에서 열 살 사이였다. 내 기억으로는 그가 안수할 때 40년 후 내가 성령세례를 받을 때 느꼈던 것과 유사한 경험을 했다. 나의 몸 전체가 하나님의 임재 가운데 충만했다. 그 충만함이 며칠 동안 내게 계속 남아 있었다. 견진성사 후에 다른 모든 소년은 욕설도 하고 싸움을 벌였지만, 나는 그들과 나 사이에 차이가 무엇일까 궁금했는데 바로 그것이 이유였다.

만남의 축복

내가 열세 살 때 우리는 브래드포드 Bradford 로 이사했다. 그곳에서는 웨슬리 감리교회에 다녔는데 더 깊은 영적 생활로 들어가기 시작했다. 나는 하나님을 매우 갈망했다. 교회에서는 특별선교집회가 열리고 있었는데, 일곱 명의 소년들을 택하여 간증하게 했다. 나는 선택된 일곱 명 중 하나였으며, 15분 간증을 위해서 3주간 준비했다. 3주 동안 나는 기도로 살았다. 기억나는 것은 내가 간증하기 시

4 견진성사: 세례를 받은 신자가 더욱 굳건한 믿음을 가지고 성령의 은총을 풍부히 받도록 주교가 이마에 성유를 발라주는 의식.

작하자 '아멘'과 외치는 소리가 대단히 컸다. 내가 무슨 말을 했는지 생각이 나지 않지만, 나는 아주 강한 열정, 곧 사람들에게 나의 구주를 알게 해주려는 불타는 소원에 사로잡혀 있었다.

그 당시에 나는 항상 사내아이들을 만나 그들에게 구원에 관한 이야기를 해주었는데 그때마다 퇴짜와 질책을 많이 받았다. 내게 있는 큰 기쁨을 나눠주고 싶었지만, 대부분은 내 말을 들으려는 진지함이 없는 듯 보였다. 나로서는 참으로 알다가도 모를 너무도 이해되지 않는 일이었지만, 내가 요령이 별로 없었던 것 같다. 나는 많이 읽을 수는 없었지만 늘 신약성경을 지니고 다녔다.

내가 열여섯 살이 되었을 때 구세군 Salvation Army 이 브래드포드에서 사역을 시작했다. 나는 이 성실한 구세군 사람들과 함께 있는 것이 즐거웠다. 그 당시에 영혼 구원을 위한 금식기도가 나에게 깊은 감명을 주었다. 매주 수십 명의 불신자가 그리스도께 마음을 바치는 것을 보게 되었다.

내가 일하는 공장에는 플리머스 형제단 Plymouth Brethren 교회 소속의 경건한 사람이 한 분 있었다. 그는 증기 파이프 시설공이었다. 나는 그의 조수로 배정되었고 그는 배관 공사하는 방법을 내게 가르쳐주었다. 그는 물세례와 그 의미에 대해 나에게 이야기해주었다. 그가 내게 이런 말을 해준 것이 기억난다.

"네가 세례 받는 일에 주님께 순종하면, 주님께서 네게 뭔가 큰 일을 해주실 거야."

나는 주님의 말씀에 기꺼이 순종하여 세례를 통해 예수와 함께 죽어 장사되었고 하나님 안에 있는 새로운 생명으로 살아났다. 그때 내 나이 열일곱 살이었다.

주 예수의 재림에 대해 나에게 가르쳐 주신 분도 바로 이 경건한 분이었다. 그래서 내가 하나님을 실망시켰다는 생각이 들 때면 주님이 곧 오실 텐데 그분을 만날 준비가 되어 있지 않다는 생각에 괴로워하곤 했다. 그러다가 직장에 출근해서 이 경건한 분이 아직 이 땅에 있는 것을 발견할 때 안도가 되었다. 주님께서 간밤에 오시지 않았고 나를 남겨두지 않으셨다는 것을 알았기 때문이다.

나는 계속 구세군과 함께 지냈다. 그 이유는 그 당시엔 그들이 그 누구보다 더 능력 있게 사역을 한 것으로 보였기 때문이다. 우리는 밤새도록 기도를 하곤 했다. 성령의 능력 아래 쓰러지는 이들이 많았으며, 때로는 한 번에 24시간 동안 오래 쓰러져 있는 일도 있었다. 그 당시엔 그것을 성령세례라고 불렀다. 초기 구세군 신도들은 능력이 대단했으며 그들의 간증과 삶에 능력이 나타났다. 우리는 함께 참여하여 매주 50명에서 100명의 사람을 믿음으로 주장해서 그 영혼들을 얻곤 했다. 아, 오늘날은 영혼 구원을 위해서가 아니라, 육체적 나타남을 위해 전력을 다하는 이들이 많다는 것은 슬픈 사실이다.

나는 주님을 앙망했다. 주님께서는 확실히 모든 면에서 나를 도우셨다. 나는 열여덟 살 때 일자리를 얻으려고 한 배관공에게로 갔다. 구두를 윤이 나게 닦고, 옷깃을 깨끗하게 하고 이 사람의 집으로 가서 일자리 신청을 했다.

"사람이 필요치 않네"라고 그가 말했다.

"사장님, 감사합니다. 시간을 뺏어서 죄송해요."

그 사람은 대문 밖으로 걸어 나가는 나를 다시 불러 말했다.

"너에겐 뭔가 다른 점이 있구나. 너를 그냥 보낼 순 없겠다."

그는 일렬로 늘어선 집에 수도관을 설치하는 일을 하도록 나를 보냈다. 그 일을 나는 일주일 만에 마쳤다. 사장님은 매우 놀라서 "그럴 리가 없을 텐데!"라고 말했다. 그는 직접 현장에 가서 작업이 완벽하다는 것을 확인했다. 하지만 그 정도 속도로는 나를 계속 고용할 순 없다고 했다.

청소년들을 향한 소원

나는 스무 살이 되자 리버풀 Liverpool 로 이사를 갔다. 하나님의 능력이 내게 강하게 임했다. 나는 청소년들을 돕고자 하는 강한 소원이 있었다. 매주 나는 맨발에다, 누더기를 걸친, 굶주린 소년 소녀들을 수십 명이나 내 주위에 모으곤 했다. 나는 일을 해서 돈을 꽤 벌었는데, 그 모든 돈을 그 아이들 먹이는 데 다 썼다. 우리는 부두의 헛간에서 모이곤 했는데, 그러나 얼마나 굉장한 집회였는지 거기서 수백 명이 구원을 받았다. 내 친구 한 명과 나는 병원을 방문하는 일에 전념했으며 많은 배들을 찾아가 전도했다.

하나님께서 가난한 자들을 돌보는 굉장한 마음을 나에게 주셨다. 나는 열심히 일해서 번 돈을 몽땅 가난한 자들에게 썼고 나 자신을 위해서는 한 푼도 쓰지 않았다. 나는 주일마다 온종일 금식하고 기도했다. 나는 십대 아이들과 함께 모이는 집회에서, 병원에서, 선상에서, 그리고 구세군에서 하나님의 능력으로 구원받는 영혼이 항상 50명 이상이었다. 이때는 영적 각성이 크게 이루어지는 시대였다.

구세군 집회에서는 책임자가 늘 나에게 설교를 하라고 했다. 나는 왜 그가 나에게 그런 부탁을 하는지 알 수가 없었다. 내 말은 항상 엉망이었고, 사람들 앞에서 울곤 했으니까 말이다. 나는 눈물을 억제할 수 없었다. 나는 좀 더 웅변조로 말할 수 있는 세상에 태어났어야 했다. 하지만 예레미야처럼 나는 눈물이 샘솟는 사람이었다. 그러나 내가 사람들 앞에서 울 때, 이로 인해 종종 영접기도로 이어지곤 했다. 나는 그 시절에 대해 하나님께 감사드린다. 왜냐하면 주님이 나를 상하고 회개하는 심령 상태에 있게 하셨기 때문이다. 그 리버풀 시절의 추억이 내게는 너무도 소중하다.

스물세 살쯤 되었을 때, 나는 브래드포드로 돌아가라는 인도를 받았다. 배관공으로 자영업을 하면서 구세군을 돕는 일에 여유 시간을 보내야겠다는 강한 인도하심이 있었다. 바로 그곳에서 나는 세상에서 가장 좋은 여자를 만나게 되었다.

2

딱 맞는 배우자

천로역정의 제2부에서 존 번연 John Bunyan(1628–1688) 은 우리에게 그레이트하트 Mr.Greatheart 담대한 자 를 소개한다. 그는 크리스천의 아내 크리스티아나 Christiana 와 그녀의 아들들이 천상의 도시로 가는 길을 안내하고 보호했다.

우리가 이야기하려고 하는 사람은 또 하나의 그레이트하트 담대한 자, 스미스 위글스워스다. 그는 확실히 그의 주님에 대한 사랑의 마음과 충성심이 대단했다. 그가 자주 이렇게 말하는 것을 들었다.

"이 얼마나 사랑이 크신 예수님이신가!"

그는 또한 모든 동료 순례자들, 특히 가난하고 궁핍한 자들, 병든 자들과 고난받는 자들에 대한 사랑의 마음이 대단했다.

스미스 위글스워스가 한번은 우리에게 이렇게 말했다.

"오늘 나의 나 된 모든 것은 하나님 아래에서 나의 소중한 아내 덕분입니다. 오 얼마나 사랑스러운 여자인지!"

호기심 많은 열일곱 살 소녀

하나님이 택하여 '그의 배필'이 되게 한 메리 제인 페더스톤 Mary Jane Featherstone(1859-1913) 은 훌륭한 감리교 가정에서 성장했다. 그녀의 부친은 금주 禁酒 강사였다. 그는 술 판매를 통해 만들어진 거대한 유산을 상속받았지만, 파멸된 영혼들을 통해 얻은 부정한 돈은 그에게 아무런 유익이 없다는 신념을 가졌기에 이 더러운 돈에 한 푼도 손대지 않았다. 그의 딸 역시 부친의 의와 성결의 원리를 따랐으며, 그녀의 내적 확신을 항상 두려움 없이 말했다.

열일곱 살쯤 되었을 때, 종종 폴리 Polly 로도 불리는 메리 제인은 여성이 쓰는 모자, 보닛 Bonnet 을 제조하고 수선하는 기술을 배우고자 모자 가게에 들어갔다. 그런데 이런 종류의 일이 그녀에게 너무 옹졸해 보였다. 한 달을 지낸 후 그녀는 명예와 부를 추구하기 위해 고향과 가정의 모든 속박에서 벗어나 브래드포드 Bradford 로 도망하기를 결심했다. 그러나 주님은 이 딸을 악으로부터 보호하기 위해 지켜보고 계셨다.

폴리는 브래드포드의 큰 저택들 가운데 어느 대가족의 집에서 일하는 자리를 얻었다. 어느 날 밤 그녀는 도심가에 있었는데 트럼펫 소리와 드럼 치는 소리에 이끌려 야외에서 열리는 한 집회에 참석했다. 그곳은 구세군 Salvation Army 집회장이었는데 당시에는 구세군이 생소한 이름이었다. 그래서 그녀는 굉장한 흥미를 갖고 이 사람들을 지켜보았다. 그들은 야외집회가 끝나고 브래드포드 거리를 행진했다.

그녀는 속으로 생각했다.

'행진하면서 연주하는 이 어리석은 자들은 도대체 어디로 가는 거야?'

그녀는 그들을 따라 다 쓰러져가는 허름한 극장으로 갔다. 집에서 그녀는 극장이란 악한 곳이라는 가정교육을 받아 왔었다. 하지만 그녀는 호기심이 많았다. 혹시 그녀를 아는 사람 누군가가 지켜보고 있나 이리저리 살핀 후에 그녀는 살짝 몰래 들어가서 극장의 맨 끝에 자리를 잡았다.

그곳에서 예배가 시작되었다. 생기가 넘치는 찬양과 최근 회심자들의 생생한 간증에 귀를 기울이면서 그녀의 흥미는 깊어만 갔다. 그날 밤 전도부흥 강사는 그 당시 초기 구세군 전도부흥사이기도 했던 유명한 집시 로드니 스미스 Gipsy Rodney Smith 의 누이동생인 집시 틸리 스미스 Gipsy Tillie Smith 였다. 그 전도자는 굉장한 파워를 가지고 그리스도를 전했다. 폴리는 그리스도와 그녀의 죄를 깨끗이 씻어줄 그의 보혈의 능력을 몹시 알고 싶어졌다.

"불신자들은 나와서 구주를 만나세요"라고 구원 초청을 하자, 폴리는 극장 맨 끝에서 참회대 구세군 강단의 난간 로 나아갔다. 처음에 그녀가 자신의 죄를 용서해 달라고 주님께 부르짖을 때에는 혼자 있게 해달라고 부탁했다. 시간이 지난 후 틸리 스미스는 그녀 옆에 무릎을 꿇고 그녀를 주 예수 그리스도에 대한 구원의 지식으로 인도했다. 그녀는 자신의 모든 죄를 용서받았다는 확신이 들자 벌떡 일어서서 장갑을 허공에 던지며, "할렐루야, 모든 죄는 끝났어!"라고 소리쳤다.

그때 청년인 스미스 위글스워스가 회중 가운데 있었다. 그는 이 젊은 여자가 하나님께 부르짖어 기도하는 것을 지켜보았으며 그녀가 "할렐루야!"라고 외치는 소리를 들었다.

후에 그는 이렇게 분명히 말했다.

"원래부터 하나님의 영감이 그녀에게 있는 것처럼 보였다."

그녀는 미인이었다. 단순한 복장과 빅토리아 시대 초기의 맵시 있는 보닛을 쓴 그녀를 바라볼 때, 그는 그녀가 사랑스럽다고 생각했다. 그는 그녀의 간증하는 것을 들은 순간부터 그녀가 자신의 사람이 될 것이라 느꼈으며, 얼마 안 있어 폴리 페더스톤과 스미스 사이에 친밀한 우정이 시작되었다. 이제 갓 회심한 그녀는 쾌활했으며 이내 급속한 영적 진보를 보이기 시작했다. 그녀가 틸리 스미스와 그녀의 오빠 로드니 스미스 및 존 롤리 John Lawley, 후에 구세군 의원이 됨 와 교분을 갖게 되자 구세군의 창시자인 윌리엄 부스와도 만남이 이루어졌다. 부스 대장 General Booth 은 그녀가 통상적인 훈련과정을 거칠 필요 없이 그의 단체에서 사관으로 임명했다.

폴리의 매력에 빠진 위글스워스

우리의 젊은 그레이트하트, 스미스 위글스워스는 구세군이 영혼 구원 사역에 탁월했기 때문에 그 매력에 크게 이끌렸다. 그래서 그는 구세군 신도들의 사역에 전심으로 헌신했다. 그곳에서 그는 구원받지 못한 자들에 대한 불타는 열정의 출구를 발견했다. 그는 수많은 남녀 사람들의 삶이 복음의 능력으로 변화하는 모습을 지켜보는 데서 즐거운 만족을 느꼈다.

그러던 중 폴리가 집회에 참석하는 것이 그에게는 너무 좋았다. 야외집회에서 뿐 아니라 실내에서 드리는 예배에서도 돋보이는 그녀의 기민함과 능력이 그의 마음을 끌었다. 구세군 장교들은 이내 이들 두 사람 사이에 뭔가 something 가 진행되고 있다는 것을 눈치챘다. 그들이 애쓰고 신경써서 훈련한 구세군 '장교' officer 가 그저 평범한 '병사' soldier 에 불과한 사람과 교제한다는 것은 구세군 규칙을 위반한 것이었다. 그들은 우리의 그레이트하트 그는 실제로 구세군의 일원이 된 적이 없음 를 병사 정도로 여겼다.

어느 날 구세군의 한 소령이 그녀가 일하고 있는 집으로 차를 몰고 와서 그녀에게 물었다.

"나와 함께 스코틀랜드 리스 Leith 로 가서 새로운 사역을 시작하는데 도와줄 수 있겠어요?"

그녀는 동의하고 가방을 꾸려 그 소령과 함께 기차를 타고 두어 시간 후에 스코틀랜드에 도착했다.

구세군 초기 당시에 대중들은 상한 달걀과 채소를 기부하는 일이 흔했다. 구세군 아가씨들은 이런 일들을 피하기 위해 정신을 바짝 차려야 했다. 어느 날 폴리는 갑작스레 기부받은 오렌지를 먹고 눈이 부었다. 그러나 이런 일들조차도 그녀의 마음을 어찌하지 못했다. 그녀는 사랑스러운 목소리를 가지고 야외에서 찬양하며 간증하곤 했다. 인근 연립주택의 많은 창문이 겁 없는 젊은 구세군 신도들의 찬양과 메시지를 듣기 위해 활짝 열리곤 했다. 그들의 사역의 수고는 헛되지가 않았고, 그들은 영적인 예배와 사회적 봉사에서 하나님의 축복을 크게 받았다.

리스에 있는 동안, 폴리는 공동주택의 6층에 사는 최근 회심자의 영혼에 특별한 관심을 가졌다. 다소 짐승 같이 괴팍한 그녀의 남편은 그녀가 집회에 참석하는 것을 반대했다. 어느 날 그가 직장에서 돌아왔을 때 폴리가 그의 아내와 함께 기도하고 있는 것을 알고 기도를 멈추지 않으면 그녀를 강제로 쫓아내겠다고 위협했다. 그녀는 계속 기도했다. 그러자 그 남편이 폴리를 두 팔로 들어 대여섯 계단을 내려가 데려다 놓았다.

그때 그녀는 한 계단 내려갈 때마다 기도했다.

"주여, 이 사람을 구원하소서. 주여, 그의 영혼을 구원하소서."

그 남자는 심한 욕설을 하고 불같이 화를 냈다. 그러나 그녀는 그가 마지막 계단에 이르렀을 때 그가 자비의 은혜를 구하며 부르짖는 소리를 듣게 되는 기쁨을 누렸다. 그들은 함께 무릎을 꿇고 맨 마지막 계단을 '참회석'으로 삼았는데, 거기서 그녀는 그 남자를 자신의 피로 모든 죄를 깨끗이 씻는 하나님의 어린양께로 인도했다.

리스에서 어느 날, 이성 異性 에 대한 그녀의 태도와 관련하여 그녀에게 어떤 중요한 질문을 제기한 구세군 상관들 앞에 그녀가 불려갔다. 그녀가 한 지역 병사에 관심을 가진다고 추정했던 것이다. 그녀로부터 만족할 만한 대답을 얻지 못하자, 그들은 모두 무릎을 꿇자고 하며 그녀가 기도를 인도하도록 제안했다.

그녀는 이렇게 기도했다.

"주여, 이분들이 제가 그 스코틀랜드 남자에게 관심이 있다고 생각하는 것 아시죠. 주여, 주님은 제가 관심이 없다는 것을 알고 계십니다. 만약 이분들이 하는 말이 사실이라면, 이들 모두는 너무 인색해서 나머지 절반을 구하기 위해 건포도를 둘로 잘라버릴 사람들입니다. 그러나 주님, 저는 이분들이 그렇게 할 것이라고 믿지 않습니다. 저는 그들이 매우 친절하다는 것을 알았기 때문입니다. 하지만 주님, 저는 멀리 떨어진 여기 스코틀랜드에서 누구와도 결혼할 마음이 없습니다."

그녀는 이러한 맥락으로 기도했고, 기도가 마칠 때쯤엔 그녀를 조사하던 사람들이 인터뷰를 끝내고자 하는 마음이 준비되어 있었다. 폴리는 브래드포드에 그녀를 절절히 사랑하는 젊은이가 있다는 것을 알았으며, 그녀는 그를 사랑했다.

그녀는 브래드포드에 돌아와 구세군과의 관계를 끊고, 몇몇 사람들의 평가로는 새롭고 더 영적인 그룹과 교제했다. 바로 블루 리본군 Blue Ribbon Army 이라 불리는 단체였다. 매우 영적인 여자, 엘리자베스 백스터 Elizabeth Baxter 부인이 그 단체의 대표였다. 그럼에도 폴리는 구세군의 참된 친구로 남아 있었고, 종종 그들의 사관들과 교제를 나누기도 하였다. 그 당시 많은 감리교 교회에서 전도적 열의에 불타는 집회들이 열렸다. 하나님의 성령이 그녀의 사역에 강하게 역사하여 많은 영혼이 그리스도께로 돌아왔다.

결혼 그리고 사역의 시작

폴리는 스물두 살에 한 살 연상인 우리의 그레이트하트와 결혼했다. 후년에 그는 그녀에게 다음과 같은 찬사를 보냈다.

"그녀는 나의 영적 생활에 큰 도움을 주었다. 항상 '성결'에 대한 대단한 영감을 주는 사람이었다. 그녀는 내가 얼마나 배움이 부족했는지를 알고는 즉시 나에게 글을 제대로 읽고 쓰는 법을 가르치기 시작했다. 하지만 안타깝게도 철자법까지 가르치는 데는 성공하지 못했다."

폴리 위글스워스

더불어 그레이트하트는 자기 아내에 대해 이렇게 증언했다.

"그녀는 위대한 구령자였다. 나는 그녀가 전도하는 사역을 계속하도록 격려했으며, 나는 배관공으로서 계속 사업을 했다. 나는 브래드포드에서 교회가 없는 지역에 대한 부담을 느꼈기에 내가 렌

트한 작은 건물에서 사역을 시작했다. 우리는 아이들이 태어나기 전에 항상 기도하기를 '아이들이 하나님의 자녀가 되게 해달라'고 했다. 나는 아이들을 집회에 데리고 가서 그녀가 설교하는 동안 그들을 돌보았다. 나는 설교자는 아니었지만, 영혼들을 그리스도께 인도하고 영접기도를 돕기 위해 항상 참회석에 내려가 있었다. 그녀의 일은 그물을 내리는 것이고, 나의 일은 물고기를 땅으로 길어 올리는 것이었다. 후자는 전자에 못지않게 중요하다."

사업 호황 그리고 영적 침체

브래드포드에 혹독한 겨울이 찾아와서 배관공들의 수요가 급증했다. 겨울철뿐만 아니라 그 후 2년 동안 배관공들은 폭풍이 불어 떨어진 배관들과 다른 피해를 복구해야만 했다. 위글스워스와 그를 돕는 두 직원은 아침부터 저녁까지 눈코 뜰 새 없었다. 사업이 잘되고 번영하는 그 시기에 그는 예배에 참석하는 일이 점점 줄어들었다. 그의 마음은 하나님을 향해 점점 식어가기 시작했다.

그러나 그의 마음이 차가워질수록, 그의 아내는 하나님을 향해 더욱 뜨거워졌다. 그녀의 전도 열정은 조금도 줄어들지 않았으며, 기도 생활 역시 마찬가지였다. 그녀의 조용하면서도 일관된 신앙생활과 전도는 그의 해이함을 더욱 뚜렷하게 했으며 그를 짜증나게 했다.

어느 날 밤 그 절정의 순간이 왔다. 그녀가 여느 때보다 조금 늦게 예배를 마치고 귀가했는데 그녀가 집에 들어서자 그가 내뱉었다.

"내가 이 집의 주인 master 이오. 나는 당신이 이렇게 늦게 귀가하는 것을 허락하지 않겠소!"

폴리는 조용히 대답했다.

"당신이 내 남편이라는 것을 알아요. 하지만 그리스도가 나의 주인 Master 이지요."

이 말에 그는 짜증이 나서 그녀를 뒷문으로 내쫓았다. 하지만 그가 깜박 잊은 것이 하나 있었다. 그것은 바로 현관문을 잠그는 것이었다. 그녀는 집을 한 바퀴 돌아 현관문으로 들어오면서 웃었다. 그녀가 하도 많이 웃자 그도 아내를 따라 함께 웃지 않을 수 없었다. 그렇게 그 에피소드는 웃음으로 끝이 났다.

어떤 남편들이 신앙을 버릴 때, 아내들은 뽀로통해져서 아침부터 밤까지 잔소리를 하지만 폴리 위글스워스의 대응은 그렇지 않았다. 그녀는 마음을 즐겁게 가졌으며, 그녀가 주님을 향해 불타고 있었지만 식사 시간마다 재미있고 유머가 넘치는 시간으로 만들었다. 그리고 그녀는 하나님께 예전처럼 하나님에 대한 사랑과 열정이 남편에게 회복되도록 간구했다. 그가 영적으로 안정이 되어 있지 않은 그 몇 개월 동안 그녀의 충성심은 혹독한 테스트를 받았다. 그러나 그 위험한 시기를 지나도록 그를 끔찍한 영적 파선에서 구해내고 인도한 것은 다름 아닌 그녀의 상냥하고 인자한 안정감 때문이었다.

폴리 위글스워스의 구령자로서의 명성은 넓게 멀리 퍼져나갔다.

실패한 사역을 회복하고 다른 사람들이 실패한 전도 집회를 계속 이어가기 위해 그녀를 파송하는 일이 적지 않았다. 그녀는 여성 집회에 인기 있는 전도 강사였으며, 남성 성경반에서도 꽤 인기 있었다. 지칠 줄 모르는 열정으로 그녀는 집의 관리를 포함하여, 온갖 종류의 일을 말 그대로 싹쓸이했고 그녀와 그녀의 남편은 항상 환대를 받았다. 그녀는 갑자기 남편이 집으로 누구를 식사 초대하여 데려왔든, 그들의 집에서 며칠간 머물도록 초대를 하든 간에 결코 불평하지 않았다. 집회가 열리는 시기에 그녀의 집에는 항상 많은 수의 사람들이 방문해 접대를 받았지만, 그녀는 단 한 번도 불평하지 않았다.

위글스워스는 매주 하루는 배관 용품을 구매하기 위해 리즈 Leeds 를 다녀와야 했다. 그는 이 도시에서 신유 집회가 열리는 장소를 알게 되었다. 이 신유 집회를 통해 실제 치유가 이뤄지는 생생한 간증이 있었고 주님께서 넘치는 은혜로 사람들을 치유하셨으므로 그는 브래드포드에 있는 아픈 사람들을 찾기 시작했다. 그는 아픈 사람들을 위해 믿음의 기도를 해주는 리즈로 그들을 보내는데 그 비용까지 대곤 했다.

처음에는 그가 아내에게 이런 이야기를 전혀 하지 않았다. 왜냐하면 대부분의 사람이 그 당시에 신유를 광신주의로 생각했으므로 아내가 이 '광신주의'에 어떻게 반응할지 확신이 없었기 때문이다. 그러나 그녀는 그가 무슨 일을 하고 있는지 알게 되었고 그녀 자신이 치유가 필요했으므로 어느 날 그를 따라서 리즈로 갔다.

거기서 그녀를 위해 믿음의 기도가 드려졌고 그녀는 주님으로부터 치유를 받았다. 그때부터 그녀는 남편에 못지않게 "주님이 치유하신다"는 진리에 열정을 갖게 되었다.

그의 치질 간증

브래드포드의 사역은 흥왕했다. 그래서 그들은 좀 더 크고 훨씬 더 넓은 부지로 이사해서 마침내 보우랜드 스트리트의 아주 큰 건물에 자리를 잡았다. 이곳 보우랜드 스트리트 선교회 Bowland Street Mission 에서 그들은 모든 사람이 볼 수 있도록 강대상 뒷벽에 큰 글자의 현수막을 걸었다.

"나는 너희를 치료하는 여호와로다."

몇 년간 수많은 사람들이 성경의 그 구절에서 영감을 받아 치유되었다고 간증했다.

은혜롭게 치유 사역을 하는 한 목사님이 이 선교회에 왔다. 주일 오후예배가 끝나자, 그는 위글스워스의 집에 초대를 받았다. 그의 집에서 간단한 식사를 하는 동안 위글스워스 부인이 이 목사님에게 질문했다.

"목사님, 사람들에게 신유를 설교하면서 자신은 매일 의학적 수단을 사용하는 사람을 어떻게 생각하세요?"

"그 사람은 주님을 충분히 신뢰하지 않았다고 말씀드리고 싶습니다."

식사를 마치자 위글스워스가 이 목사님에게 말했다.

"사람들에게 신유를 설교하면서 자신은 다른 수단을 사용하는 사람에 대해 내 아내가 이야기했는데, 바로 나를 두고 한 말입니다. 나는 어릴 때부터 치질을 앓았는데 매일 소금을 사용하는 것이 필요하다고 생각해요. 나는 이것을 무해하고 자연적인 수단으로 여겼습니다. 왜냐하면 이 요법을 사용하지 않으면 매일 피를 흘려야 하고, 감염이 발생할 수 있다는 것을 알기 때문이죠. 그러나 만일 목사님이 나와 함께 믿음 안에 서 있어 준다면, 나는 이 문제에 대해 기꺼이 하나님을 신뢰하고 소금을 포기하겠습니다. 몇 년 동안 매일 소금을 사용했기 때문에 내 몸의 시스템이 그것에 너무 익숙해져서 지금부터 수요일까지는 별다른 자연적인 현상이 없을 것입니다. 그러나 그 이후부터는 소금을 사용하지 않음으로 통증이 크고 많은 피를 흘릴 것 같은데, 목사님이 그날 나와 함께 믿음 안에 서 있어 주시겠습니까?"

그 목사님은 동의했다.

주일 이후, 위글스워스는 매일 일정량의 소금을 사용하지 않았다. 그리고 수요일에 위기가 찾아왔다. 그는 화장실에 들어가서 야고보서 5장 말씀대로 기름을 발랐다.

우리는 그가 종종 대중 앞에서 이와 같이 간증하는 것을 들었다. 그는 지극히 자연스러운 것들에 대해 말할 때 굉장히 겸허한 겸손의 사람이었기 때문이다.

"하나님께서 행하셨습니다. 나의 장기는 그날 아기의 장기처럼 기능했습니다. 하나님께서 나를 완벽하게 치유하셨습니다. 그날 이후로 나의 장기는 그 어떤 의학적 수단도 사용하지 않고 완벽하게 기능을 발휘했습니다. 나는 충분하신 하나님을 입증했습니다."

폴리 위글스워스는 남편이 잘못했을 때 그를 책망할 만큼 사랑했다. 이런 일들이 매우 자주 있었다. 대부분 남편은 아내에게 비판을 받게 되면 몹시 분개한다. 그러나 위글스워스는 항상 아내의 질책을 미소로 받았다. 그의 태도는 한마디로 다윗의 태도였다.

> 의인이 나를 칠지라도 은혜로 여기며 책망할지라도 머리의 기름 같이 여겨서 내 머리가 이를 거절하지 아니할지라 시 141:5

때로는 그가 아내의 권면에 전적으로 주의를 기울이지 않기도 했지만, 그녀의 권면이 전체적으로 남편의 인격훈련에 지대한 영향을 미쳤다는 것에는 의심할 여지가 없다.

위글스워스는 그의 배관 사업에서 술집들로부터 상당한 이익을 얻었다. 그들은 저장실에서 맥주를 꺼낼 때 사용하는 펌프를 수리하기 위해 그를 불렀다. 이것은 그 당시에 장부 기장을 하는 폴리가 싫어하고 꺼리는 일이었다. 그녀는 일꾼들이 술집에서 공짜 술을 마신다는 것을 알았고, 그들을 문란하게 하는 결과를 초래한다는 것을 알았다. 이에 대해 그녀는 남편을 설득하는데 성공했고, 얼마 후 그녀의 남편은 그의 직원들을 보호하기 위해 술집에서 들어오는 모든 배관 일을 거절했다. 이것은 그에게 사업상 막대한 재정적 손실을 의미했지만 그는 신앙 원칙에 따라 그것을 기꺼이 포기했다.

시편 127편에 이런 말씀이 있다.

“자식들은 여호와의 기업이다.”

여호와께서 스미스 위글스워스 가정에 다섯 자녀를 주셨다. 딸인 앨리스와 네 명의 아들 셋, 해럴드, 어니스트, 조지였다. 막내 조지는 1915년에 일찍 주님 품으로 갔다. 그의 사랑하는 아버지가 그를 얼마나 그리워했는지 모른다.

3

다음에는 이삭

“나의 영혼이 주를 가까이 따르니” 시 63:8 라는 말씀은 하나님의 마음에 합한 사람의 강렬한 표현이다. 이것은 스미스 위글스워스의 기독교적 체험의 초기부터의 태도였다. 영혼의 대적인 마귀가 앞 장에서 언급된 2년 동안 말씀을 막기 위해 이생의 염려와 재리의 유혹을 일으키려고 무진 애를 썼다.

존 번연의 천로역정에서 크리스천 순례자 은 해석자 Interpreter 의 집에서 많은 교훈을 배웠다. 그는 벽에 화재가 발생했고 그 옆에 서 있는 자가 불을 끄려고 물을 뿌리는 것을 보았다. 하지만 불은 더욱 거세졌고, 해석자가 그에게 그 의미를 설명했다.

“이 불은 마음에서 일어나는 은혜의 역사입니다. 그것을 끄려고 물을 끼얹는 자는 마귀죠. 하지만 그러함에도 불구하고 불이 더 뜨겁고 더 높이 타오르는 것을 보게 되는데, 당신은 그 이유를 곧 알게 될 거예요.”

그러면서 그가 크리스천을 벽의 저쪽 면으로 데리고 갔는데, 그곳에서 그리스도가 그의 은혜의 기름을 계속 붓고 계셨다.

우리의 그레이트하트가 꼭 그러했다. 마귀가 잠시는 그의 열심을 끄는 데 성공했지만, 주님의 기름이 그의 아내의 기도에 대한 응답으로 근처의 꺼진 불꽃 위에 부어졌다. 그 결과 그는 그 시련으로부터 그 후 60년 동안 매일 더 밝고 더 강렬해진 불꽃을 뿜어냈다.

그가 자신의 이야기를 계속 하는 것을 들어보자.

위글스워스의 초기 사역

하나님께서 위대한 구령의 열정을 내게 주셨다. 매일 나는 누군가를 그리스도께로 인도하려고 했다. 누구인지도 모르는 한 영혼의 구원을 위해 나는 어느 날이든 기꺼이 한 시간을 길에서 기다리곤 했다. 어떤 곳에서는 나를 택하신 자에게로 인도해달라고 하나님께 기도하면서 한 시간 반을 기다렸다. 길에는 오가는 사람들로 가득했지만, 나는 계속 주님께 말씀드렸다.

"꼭 만나야 할 사람을 원합니다."

잠시 후에 나는 내 영이 다소 안달이 나서 이렇게 말했다.

"주님, 낭비할 시간이 많지 않습니다."

그러나 하나님은 그것을 시간 낭비라고 하지 않으셨다.

한 시간 반 후에, 한 남자가 말과 수레를 이끌고 왔다. 주님은 빌립에게 에디오피아 사람의 마차로 가까이 가라고 하실 때 그에게 말씀하셨듯이 내게 말씀하셨다. 나는 수레에 올라 그 사람 옆에 앉아 이내 그에게 구원이 필요하다는 점을 이야기했다. 그는 으르렁거리듯 큰소리로 말했다.

"아니, 당신 일이나 보시오. 왜 하필 나를 골라서 내게 말을 거는 거요?"

나는 내가 실수를 했나 의심했다. 나는 주님께 이렇게 말했다.

"주님, 이 사람이 바로 그 사람입니까?"

주님께서 내게 말씀하셨다.

"그렇다. 이 사람이 바로 그 사람이다."

그래서 나는 계속 그에게 말을 걸고 그의 삶을 그리스도께 굴복시키도록 간청했다. 곧 그가 눈물 흘리는 것을 보았고, 하나님께서 그의 마음을 부드럽게 하셨으며, 말씀의 씨가 들어가는 것을 나는 알았다. 참된 은혜의 역사가 일어났다는 것을 확인한 후에, 나는 그의 수레에서 뛰어내렸고, 그는 자기의 길을 계속 갔다.

3주 후에 나의 어머니가 내게 말씀하셨다.

"스미스, 너 누구한테 구원에 관해 얘기한 적 있니?"

"어머니, 저는 항상 그런 일을 해요."

"그랬구나. 어젯밤에 내가 한 사람을 방문했거든. 그는 죽어가고 있었어. 3주 동안 병석에 누워 있었다고 하더구나. 누군가가 와서 그를 위해 기도해주길 원하는지 그에게 물었더니 그가 이렇게 말하는 거야. '제가 마지막으로 외출했을 때, 한 젊은이가 내 수레에 타더니 말을 걸었어요. 나는 그에게 거칠게 대했는데, 그는 아주 끈질겼어요. 아무튼, 하나님께서 나의 죄를 깨닫게 해주셨고 나를 구원해주셨습니다.'"

나의 어머니는 말을 계속했다.

"그것이 그 사람이 마지막으로 외출한 날이었어. 그리고 그는 그 밤에 숨을 거뒀다. 그가 자기와 이야기한 그 젊은이를 묘사하는데 그의 설명을 들어보니 그게 너라는 것을 알 수 있겠더라."

불가능을 가능으로 만든 사건

나는 길을 가다가 항상 주님에 관해 이야기할 수 있는 사람을 찾곤 했다. 어느 날 나는 한 형제와 자전거 전도여행을 갔다. 10일간 우리는 매일 평균 세 명의 구원을 이루어냈다. 사업을 했던 나의 경험은 내가 설교자였더라면 접촉하지 못했을 엄청나게 많은 사람들을 만나게 해주었다. 나의 모든 사업의 시간은 하나님과의 교제로 보냈다. 나는 가는 곳마다 '하나님의 증인'이 되려고 노력했다.

한 사람이 브래드포드로 이사를 와서 어떤 사업가에게 물었다.

"나에게 훌륭한 배관공을 하나 소개해 주시겠어요?"

그 사업가가 대답했다.

"네, 해드리지요. 당신이 그의 종교 이야기를 참을 수 있다면 말입니다. 그는 일을 나가면 배관 작업을 하는 내내 설교를 합니다만."

"그래요, 내 한 번 해보지요."라고 이 사람이 말했다.

후에 그가 내게 말하기를, 주님에 대해 그에게 말해준 배관공을 만난 것이 기쁘다고 했다.

나는 배관 사업에는 대단히 성공했지만, 내 회계 장부의 채무를 회수하는 데에는 매우 서툴렀다. 그럼에도 매주 토요일마다 직원들에게 주급 급료를 줘야 했다.

어느 날은 내게 돈이 필요했다. 나에게 필요가 생기는 일은 하나님의 계획이라고 나는 항상 믿어왔다. 왜냐하면 궁핍할 때 하나님께서 내게 문을 열어주셨고 그것이 내 믿음을 강화해주었기 때문이다. 그런 특정한 때에 나는 주님께로 가서 이렇게 기도했다.

"주님, 나는 밖에 나가서 돈을 구할 시간이 없습니다. 내가 어디로 가서 돈을 구할 수 있을지 말씀해 주세요."

주님께서 말씀하셨다.

"주교에게로 가라."

내가 듣기로 그 주교는 돈 지출에 형편없는 사람이어서 그의 돈을 받으려면 모두 그를 법정에 세워야만 했다. 그러나 주님께서 나에게 가라고 하셨기에 나는 주님이 그를 다루실 수 있음을 알았다. 그 믿음으로 갔다.

내가 별장의 출입문에 들어섰을 때 한 여성과 함께 나오는 주교의 부인을 발견했다. 주교 부인을 찾아가면 내게 대금을 치러 주지 않을까 하는 다소 희망하는 마음이 생겨났다. 그러나 나는 나에게 말했다.

'희망은 오직 하나뿐이다. 그것은 주교를 만나는 거야.'

하지만 그가 누구에게도 돈을 주지 않는 사람인 것을 알기 때문에 잠시 망설여졌다.

'그냥 갈까?'

그렇지만 하나님께서 분명히 내게 말씀하셨음을 알기에 나는 그 집의 뒷문으로 갔다.

그 집의 하인에게 "주교님이 안에 계세요?" 하고 내가 물었다.

"아니요. 주교님은 3주간 집에 계시지 않습니다."

"네? 나는 이해할 수 없는데요"하고 내가 말했다.

"이해할 수 없다니요? 좀 혼란스러워 보이네요."

"맞아요. 대단히 혼란스럽습니다. 내일 우리 직원들에게 급료를 지급할 돈이 필요해서 주님께 기도했더니 주님께서 여기로 가라고 하셨어요. 그런데 주교님이 출타로 3주간 동안 계시지 않다고 하니 좀 혼란스럽네요."

그 하인이 물었다.

"주교님이 당신에게 얼마를 빚졌습니까?"

"딱 20파운드 현재 물가로 약 13만원 입니다."

그녀가 "들어오세요"라고 말하고는 2층으로 올라가서 그 돈을 가지고 내려와서 내게 대금을 치러주었다.

내가 그녀에게 물었다.

"이런 일을 종종 하시나요?"

"아니요."

전날 밤 주님께서 나에게 아침 9시에 주교의 집으로 가라고 하셨는데 그녀는 내게 말하기를 바로 그 시간에 주교 부인이 그녀에게 급료를 주었고, 그녀는 자신의 급료에서 이 대금을 지급하라는 감동을 받았다고 했다.

내가 말했다.

"어떻게 그런 일을 하게 된 거죠?"

"돈을 안 주고는 당신을 돌려보낼 수 없어요. 내가 할 수 있는 말은 그게 전부에요."

하나님께서 어떻게 인간의 불가능을 가능하게 할 수 있는 분인지를 내게 보여주셨다. 이와 같은 사건은 내 마음에 산 믿음을 창조하는 데 도움을 주었다.

기쁨의 삶과 영혼 구원

어느 날 우리 식구가 모두 아침 식탁에 모였는데 아내가 말했다.

"오늘 아침 해럴드와 어니스트가 너무 아파요. 아침을 먹기 전에 우리가 그들을 위해 기도합시다."

즉시 하나님의 능력이 아내와 내게 임하였고, 우리가 이 아이들에게 안수했더니 그들 둘 다 그 자리에서 바로 치유되었다. 우리 눈앞에서 기적적인 치유가 일어나는 것을 보자 우리 부부는 강렬한 기쁨으로 충만했다. 주님은 그 자신이 우리 가정의 주치의이심을 증명하는 데 있어 언제나 너무도 좋으신 분이셨다.

바로 그날 나는 하인들이 많이 고용된 집으로 배관 일을 하러 갔다. 나는 함께 일할 견습공을 한 명 데리고 갔는데 내가 보니 그 집의 안주인이 매우 불안해 보였다. 그녀는 내가 작업하고 있는 방에 들어와 나를 쳐다보더니 밖으로 나갔다. 얼마 되지 않아 그녀가 다시 들어와서 말했다.

"견습공을 가게로 보내서 뭔가를 가져오게 할 수 없을까요?"

"내가 마침 그를 가게로 보낼 참이었습니다. 파이프 하나가 모자라서요."

견습공이 문밖으로 나가자마자 그녀가 말했다.

"사장님, 말해주세요. 오, 제발 말해주세요. 당신 얼굴에 그렇게 아름다운 기쁨의 표정이 가득한 이유가 대체 무엇인가요?"

"아, 오늘 아침에 우리 애들 중 두 아이가 매우 아픈 상태로 아침 식탁에 나왔어요. 아내와 제가 그들을 위해 기도했더니 하나님께서 즉시 그들을 고쳐주셨습니다. 하나님께서 그렇게 행하신 일을 보고 제 마음이 기쁨으로 충만해졌는데, 그 기쁨이 지금도 저와 함께하고 있네요."

그녀가 재촉하듯 말했다.

"그 기쁨을 어떻게 하면 얻는지 나에게도 가르쳐주세요. 우리 집은 문제투성이에요. 남편이 오늘 아침 한바탕 큰 소동을 벌인 후에 나를 떠났어요. 사장님이 맛보고 있는 그 기쁨과 평안을 내가 어떻게 하면 얻을 수 있는지 알려주세요."

내가 그녀에게 말했다.

"주님께서 제 아내와 저를 구원해 주셨습니다. 우리 가정에는 하나님의 능력이 있고, 하나님께서 우리의 모든 필요를 채우시고 그분의 평안과 기쁨으로 우리를 충만하게 하시는 것이 무엇인지 우리는 알고 있습니다."

"오, 그럼 나도 그렇게 되도록 도와줄 수 있나요?"

"네. 지금 도와드릴 수 있습니다."

그녀는 하인들이 들어오는 것을 두려워하는 것 같았다. 그래서 문을 잠그고 조금이라도 방해를 받지 않기 위해 자물쇠를 손으로 붙잡고 있었다. 그녀가 자물쇠를 손으로 쥐고 있는 그 시간에, 주님께서 그녀를 구원하셨다. 그녀는 자신의 모든 죄가 씻겨졌다는 확신의 기쁨으로 충만해졌다. 그녀가 말을 이었다.

"내가 어떻게 해야 이 기쁨을 유지할 수 있을까요?"

"친구들이 당신의 자택으로 방문하러 오는 날이 있습니까?"

"네, 다음 주 목요일입니다."

"주님께서 당신을 어떻게 구원하셨는지 모든 친구들에게 말하고 그들과 함께 기도할 수 있는지 물어보세요."

바로 그것이 내가 배관 사업을 하는 기간 내내 주님께서 나에게 주신 사역이었다. 내가 사업장에서 일하면서 나의 그리스도를 증언할 때마다 너무도 많은 남녀 사람들과 하인들을 그리스도께로 인도하는 기쁨을 누렸다.

항상 주님을 신뢰하라

주님께서는 재정적으로 나를 꼼짝도 못하게 하시는 데에 목적이 있으셨다. 어떤 면에서는 나의 사업이 번창했지만, 현금은 항상 부족했다. 어느 날 여느 때와 동일하게 나는 기도하러 가서 주님께 구했다.

"이번 주말에는 어디로 가서 돈을 구할까요?"

주님이 내게 말씀하셨다.

"건축가를 만나러 가라. 그리고 그에게 보증 증서를 요구해라."

그때 나는 어떤 건축가 밑에서 일을 하고 있었다. 그래서 주의 말씀에 순종하여 그를 만나러 갔다. 내가 사무실에 도착하자마자 그가 물었다.

"무엇을 원하시죠?"

"보증 증서가 필요합니다."

"무슨 일로 말입니까?"

"당신이 오슬렛게이트에 있는 난로들을 수리하라고 나에게 맡긴 일입니다."

"왜 보증 증서가 필요하죠? 당신은 그저 일하기만 하면 되는데요."라고 그가 말했다.

"보증 증서를 주셔야 합니다. 일은 끝났으니까요."

작업은 새 주택들의 수리를 끝내야 하는 일이었다.

"당신은 아직 그 일을 마칠 수 없었을 텐데요. 내가 당신에게 그 일을 준 지 겨우 일주일 밖에 안 되었는데 말입니다."

"내가 일을 신속히 할 것이라는 것을 당신이 알고 있었기 때문에 내게 그 일을 맡긴 것 아닌가요?"

"어떻게 그렇게 빨리 할 수 있었습니까?"

"다른 현장에 있는 우리 모든 직원들을 데려와서 일에 착수했습니다."

그는 내 말을 의심했다. 그가 모자를 집어 들고 이렇게 말했다.

"내가 직접 가서 보겠습니다."

우리는 함께 갔는데 그가 그 현장을 보자 대단히 만족스러워했다. 그가 말했다.

"이건 참 놀랍네요. 딱 우리가 원하던 대로요."

그는 그 돈에 대한 보증 증서를 써주었다. 그러나 보증 증서를 얻는 것과 돈을 받는 것은 별개였다. 나는 그 건물의 소유주인 방앗간 주인의 사무실로 갔다. 가는 길에 어느 가게 창문에 "항상 주님을 신뢰하라"는 성구가 붙어 있는 것을 발견했다. 나는 주님을 신뢰했고 모든 것이 잘 되리라 믿고 나아갔다.

그 방앗간 사무실에 도착하여 출납직원에게 그 증서를 내밀었다. 토요일 오전이었는데 갑자기 그는 내가 외칠 수 있는 것보다 더 큰 소리로 이렇게 외쳤다.

“여기서는 돈을 받을 수 없습니다! 우리는 매달 정해진 날이 아니면 돈을 지급하지 않습니다. 당신에게 분명히 말하는데, 여기서는 돈을 받지 못할 겁니다!”

그가 하도 소리를 높여 외쳐서 나는 그의 정신에 뭔가 문제가 있나 생각했다. 갑자기 그의 뒤로 문이 열렸다. 주인이 문에서 나와 “뭐가 잘못 되었나요?”라고 물었다.

“모르겠습니다. 제가 이분에게 지급 받기 위한 보증 증서를 드렸더니 그렇게 막 소리를 지르는데 그 이유를 모르겠습니다.”

그 때 나는 주님께서 주인을 다른 건물에서 불러오게 하시려고 그 직원으로 하여금 큰소리 치게 하셨구나 생각했다. 그 방앗간 주인은 증서를 읽고 출납직원에게 말했다.

“이분에게 그 돈을 드리세요. 그리고 앞으로 또다시 이런 소리를 듣게 되면, 당신을 해고하겠소.”

나는 그 돈을 가지고 사무실에서 나와 주님을 찬양하며 거리를 내려갔다. 가는 길에 그 성구를 보았던 가게에 다시 이르렀을 때 안으로 들어가 말했다.

“저 창문에 붙은 성구 값이 얼마입니까?”

1실링 25센트 이라는 말을 듣고 그것을 샀다. 그것은 “항상 주님을 신뢰하라”고 계속 기억하게 해주니 나에겐 큰 축복이었다.

불쌍히 여기는 마음

나는 자영업을 하고 있기에 병자들과 가난한 자들을 위해 많은 시간을 헌신할 수 있었다. 나는 매주 리즈의 신유를 가르치는 장소 리즈 힐링 홈 에 가곤 했다. 그 때 나는 매우 비판적인 사람이었기 때문에 사람들을 심하게 판단하곤 했다. 나는 신유를 가르치는 사람들이 왜 그렇게 안경을 많이 끼고 있는지 모르겠다고 생각했다. 나는 이런 의문을 가지고 사람들에게 묻곤 했다.

"당신이 신유를 믿는다면, 왜 안경을 끼지요?"

이것은 나에게 약간의 걸림돌이 되게 했다. 왜냐하면 나중에 나는 성경을 읽기 위해 안경을 써야 했기 때문이다. 이것 때문에 종종 비난을 받기도 했다. 그러나 나는 병든 자들과 곤궁한 사람들에 대해 불쌍히 여기는 마음이 충만했다. 그 마음으로 매주 화요일마다 가난한 이들의 비용을 대신 지불하여 많은 사람을 데리고 리즈의 예배에 참석하곤 했다. 어느 날 나는 아홉 명을 데리고 갔다. 그 모습을 창문으로 본 리즈 힐링 홈의 지도자들은 이렇게 말했다.

"위글스워스가 더 많은 사람을 데리고 다시 왔구먼. 그가 알기만 한다면, 리즈에서 사람들을 낫게 하는 것처럼 브래드포드에서도 이 사람들을 쉽게 낫게할 수 있을 텐데."

이 지도자들은 내가 병든 자들과 가난한 자들에 대해 불쌍히 여기는 마음이 있다는 것을 알고 있기에 어느 날 내게 말했다.

"우리가 케직 사경회[1] Keswick Convention에 가려고 하는데 그동안 누구에게 예배를 맡길까 생각해왔습니다. 우리가 생각할 만한 사람은 당신밖에 없습니다."

"나는 치유 예배를 인도할 수 없을 겁니다."

"적임자가 없습니다. 우리가 떠나 있는 동안 당신이 그 일을 맡아주시기 바랍니다."

나는 문득 이런 생각이 들었다.

'음, 그렇지. 설교는 다른 사람이 할 수 있지. 내가 할 일이라고는 책임을 맡는 것뿐이야.'

그다음 주간 내가 예배에 갔더니 사람들로 꽉 차 있었다. 내가 첫 번째로 할 일은 설교할 사람을 찾는 것이었다. 그러나 내가 부탁한 사람들 모두가 이렇게 말했다.

"아니요, 당신이 선택된 사람이니 당신이 먼저 설교해야 합니다."

내가 시작하지 않으면 안 되는 상황이었다. 내가 무슨 말을 했는지 기억이 나지 않지만, 분명히 아는 것은 내가 설교를 마쳤을 때 15명이 치유를 받으러 나왔다는 사실이다. 이 중 한 사람은 스코틀랜드 출신의 남자로 양쪽에 목발을 짚고 있었다. 내가 그를 위해 기도

---

1 케직 사경회: 웨슬리의 성결 운동이 시들해지자 '더 높은 삶 운동'의 일환으로 1875년 영국의 케직에서 한 주간 첫 천막집회가 열려 400명 이상이 참석했다. '그리스도 예수 안에서 모두가 하나'라는 슬로건으로 매년 여름에 개최되는 복음주의 집회이며, 한국에서는 1985년부터 몇 차례 케직 강사를 초청하여 케직 사경회를 열기도 했다.

했더니 그 자리에서 나아버렸다. 그때나만큼 놀란 사람은 아무도 없었다. 그는 목발 없이 온통 사방을 뛰어다녔다. 이것으로 인해 다른 사람들이 자신의 치유에 하나님을 믿을 힘이 생겼고 나온 모든 사람이 치유를 받았다. 확신하건대 그것은 나의 믿음이 아니었고, 그 절실한 필요의 때에 나를 돕기 위해 긍휼이 풍성하신 하나님이 찾아오신 것이었다.

믿음의 문이 열리다

이 일이 있은 후에 주님께서 나를 위해 믿음의 문을 더 많이 열어주셨다. 나는 어느 날 저녁에 브래드포드에서 신유 집회를 열겠다고 광고를 했다. 기억나는 것은, 그날 밤 12명이 나왔는데, 그 12명이 모두 기적적으로 치유를 받았다. 한 사람은 높은 곳에서 떨어져서 혀의 가운데가 심하게 물린 상태였는데 완전히 치유를 받았다. 또 한 사람은 발목 관절에 궤양과 고름이 끊임없이 나오는 큰 상처가 있는 여자였다. 그녀는 치유받았고 그다음 날엔 상처 하나만 남았다. 나머지 하나도 똑같은 방법으로 치유가 되었다.

어느 날 한 사람이 내게 물었다.

"신유에 배멀미도 들어갑니까?"

"그럼요, 당신의 배멀미를 일으키는 건 두려움의 영입니다. 내가 그 영에 대해 예수 이름으로 명하노니, 이 사람에게서 나가라!"

그는 여행을 많이 해야 했는데 다시는 배멀미를 하지 않았다.

어느 날 한 사람이 집에 왔다. 그는 대단히 헌신적인 형제였다.

내가 그에게 말했다.

"클라크씨, 오늘은 우울해 보입니다. 무슨 일 있으세요?"

"아내가 죽어가고 있어요. 두 명의 의사가 밤새 아내를 돌봤지만 오래 살 수 없다고 말합니다."

"아내의 치유를 위해 하나님을 믿는 것은 어떻습니까?"

"위글스워스 목사님, 저는 아내의 치유를 믿을 수 없습니다."

그는 상심한 채 집을 나갔다.

나는 브래드포드에 작은 선교회를 조직한 하우 Howe 라는 사람을 만나러 갔다. 나와 함께 가서 나를 도울 사람은 바로 그 사람이라는 생각이 들었다.

"나와 함께 가실래요?"라고 내가 말하자 그가 말했다.

"아니오. 나는 가지 않을 것이니 다시 내게 묻지 마세요. 하지만 당신이 가면 하나님께서 고치실 것이라고 믿습니다."

이제 깨닫기로는 주님께서 나를 격려하시려고 그의 입에 그런 말을 넣어주셨다는 생각이 들었다.

내가 아는 니콜스 Nichols 라는 남자가 있는데, 그는 기도할 기회가 생기면 전세계를 세 번 돈 다음 다시 와서 기도할 사람이다. 그래서 내가 그에게 가서 말했다.

"나랑 함께 가서 클라크 부인을 위해 기도해주시겠습니까?"

"그러지요. 기꺼이 가겠습니다"라고 그가 대답했다.

우리는 1마일 반 2.4킬로미터 을 걸어서 그 집으로 갔다. 나는 그가 기도를 시작할 때 끝마칠 때까지 기도를 멈추지 말라고 당부했다. 우리가 그 집에 도착해보니 클라크 부인이 거의 죽음 직전인 것을 알았다.

나는 함께 간 니콜스에게 말했다.

"클라크 부인의 위험한 상태를 보셨죠. 자, 시간 낭비하지 말고 기도합시다."

기회가 왔다고 생각한 니콜스가 기도를 시작했는데 나는 그렇게도 고통스러웠던 적이 없었다. 나는 주님께 "니콜스를 멈춰주세요! 주님, 이 사람의 기도를 그치게 해주세요"라고 부르짖었다. 왜냐하면 그는 곧 사별할 남편과 곧 엄마를 잃게 될 아이들을 위해 기도했기 때문이다. 그가 너무 간절히 기도했기에 내가 부르짖지 않을 수 없었다.

"주님, 그를 중지시켜 주세요. 더는 참을 수 없습니다."

감사하게도, 그는 기도를 멈췄다.

클라크나 니콜스가 신유를 믿지 않는다는 것을 알았지만, 나는 내 뒷주머니에 기름이 반쯤 들어있는 작은 병을 숨겨두었었다. 나는 그것을 기다란 코르크로 막아두어 쉽게 병을 열 수 있게 했다. 내가 주머니에서 그 병을 꺼내어 내 뒤에 감추고 말했다.

"클라크씨, 함께 기도해 주세요."

클라크 형제는 니콜스 형제의 기도에 고무되어 그 역시도 아내와 사별해도 지켜주시라는 기도를 드렸다. 나는 도저히 참을 수가 없어 이렇게 울부짖었다.

"주님, 그를 멈추게 해주세요."

내 목소리가 집 밖에까지 들릴 정도로 나는 이 상황에 너무도 진지하고 속상했다. 감사하게도 그가 멈추었다.

그가 멈추자마자 내가 병에서 코르크 마개를 따고 침대에 누운 그 죽어가는 여자에게로 갔다. 이때 나는 초보였기 때문에 더 이상은 알지 못했다. 그래서 그 기름병의 내용물을 전부 다 예수의 이름으로 클라크 부인의 몸에 부었다!

나는 침대의 머리맡 그녀의 곁에 서 있다가 발쪽을 바라보았는데, 그때 갑자기 주 예수께서 나타나셨다. 나는 두 눈을 뜨고 주님을 바라보았다. 거기에 주님이 침대 발치에 계셨다. 그는 인자한 미소를 내게 보내셨다. 내가 이 이야기를 여러분에게 들려주는 지금도 그분이 보인다. 나는 그 환상, 곧 그 아름다운 인자한 미소의 환상을 한 번도 잃어버린 적이 없다. 잠시 후 그분은 사라졌지만, 그날 나의 전 생애를 변화시킨 뭔가가 일어났다. 클라크 부인이 살아나서 생명으로 충만해졌으며, 살아서 많은 수의 자녀들을 양육했다. 그녀는 남편보다 몇 년 더 살았다.

시험의 시기에도 신실하라

모든 사람은 시험을 받는다. 당신이 신유를 믿는다면, 틀림없이 믿음의 시험을 받을 것이다. 하나님은 시험과 시련을 통하지 않고선 그 누구도 축복으로 인도하거나 하나님과 충분히 협력하게 할 수 없다.

아내와 나는 우리가 하나님과 건성으로 지낼 수는 없다는 것을 알았다. 우리가 신유를 믿는다면, 전심으로 믿어야 할 것이다. 그래서 우리는 하나님께 서약하고 그다음에 서로에게 서약했다. 하나님을 신뢰하겠다는 이 헌신은 우리의 삶에 새로운 질서를 가져왔다. 우리는 서로의 얼굴을 바라보며 이렇게 말했다.

"이제부터는 우리 집에 어떤 의술도, 의사도, 그 어떤 약도 들어올 수 없느니라."

건강하고 힘이 있을 때 서약하고 맹세하기는 아주 쉽다. 그러나 중요한 것은 시험의 시기가 올 때 신실해지는 것이다. 얼마 안 되어 우리가 그러한 시험을 당하리라곤 꿈에도 생각지 못했다.

우리는 둘 다 주님을 위한 열성이 대단했기에 야외집회에서 많은 시간을 보냈다. 어느 주일에 극심한 통증이 나를 사로잡았다. 두 사람이 나를 부축해서 겨우 집으로 데려다주었다. 전에도 똑같은 일이 일어났지만, 통증이 이렇게까지 극심하지는 않았었다.

우리는 밤새 기도했다. 이튿날 아침, 내가 아내에게 말했다.

"이건 아무래도 나를 천국으로 부르는 것 같아요. 우리가 밤새도록 기도를 했는데, 아무 일도 일어나지 않았고, 나는 더 악화가 되었소. 아무것도 할 수 없을 것 같아요. 우리의 방침을 세운대로 행여

나 서로가 조사를 받게 되는 당혹감이나 혹 외부인의 비난을 피하기 위해 우리가 천국의 부르심을 받았다는 것을 알았을 때 의사를 부를 것이요. 그러니 당신을 보호하기 위해 지금 의사를 불러야 하오. 당신 생각에 어떻게 해야 할지는 당신에게 맡기리다."

가련하게도, 아내는 모든 어린 자녀들과 함께 비참한 처지에 처했다. 아무런 희망도 없는 듯했다. 그녀는 마음이 무너져서, 나를 떠나 의사를 만나러 갔다. 의사가 나를 살리도록 찾아간 것이 아니었다. 아내는 의사가 나를 도울 방법은 없고, 이미 죽음이 앞에 왔다고 믿었기 때문이다.

의사가 와서 나를 진찰해보더니 머리를 저으며 말했다.

"전혀 가망이 없습니다. 지난 6개월 동안 맹장염을 앓은 것 같은데, 장기들의 상태가 너무 나빠서 희망이 없습니다."

의사가 아내 쪽으로 몸을 돌리며 이렇게 말했다.

"위글스워스 부인, 제가 몇 군데 전화할 곳이 있어요. 나중에 다시 와서 뵙겠습니다. 남은 희망은 그가 즉각 수술을 받는 것입니다. 그런데 남편분이 너무 약해서 감당할 수 있을지 염려가 됩니다."

의사가 방에서 나가자, 한 연로한 부인과 한 젊은이가 들어왔다. 그녀는 대단한 기도의 여인이었는데, 건강이 아닌 모든 것은 다 마귀에게서 온 것이라고 믿었다.

그녀가 기도하는 동안, 그 젊은 사람이 침대에 무릎을 꿇고 내게 안수를 하고는 큰소리로 외쳤다.

"마귀야, 예수의 이름으로 명하노니 나오라."

놀랍게도 마귀는 나갔고, 나는 평소에 늘 그랬던 것처럼 건강하다고 느꼈다. 나는 극심한 통증에서 완전히 해방을 받았다. 그들은 나를 위해서 기도를 해주자마자 아래층으로 내려갔고 나는 누워있던 자리에서 일어났다.

내가 아래층으로 내려갔더니 아내가 "어머나!" 하고 외쳤다.

"나, 치유받았어"라고 내가 말했다.

아내는 "그게 사실이면 좋겠네요"라고 했다.

내가 물었다.

"일거리 들어온 것이 있어요?"

"네, 있어요. 배관 작업을 급히 해달라는 사람이 있는데, 우리가 그 일을 맡을 수 없다면, 딴 데로 가겠대요."

아내가 주소를 내게 알려줘서 나는 그 일을 하러 나갔다.

내가 일하고 있는 동안, 의사가 다시 집에 왔다. 그가 실크 모자를 테이블 위에 놓고 서둘러 위층으로 올라가고 있을 때 아내가 재빠르게 외쳤다.

"의사 선생님! 의사 선생님! 남편은 나갔어요. 직장에 일하러 나갔어요."

"뭐라고요? 사람들이 그를 송장으로 둘러메고 올 것입니다. 틀림없이요!" 라고 의사가 말했다.

글쎄, 그 시체가 된다는 사람이 그때 이후로 수년 동안 복음을 전하며 세계를 누비고 있다니! 나는 세계 거의 모든 지역에서 맹장염에 걸린 사람들에게 안수했는데 즉시 낫지 않은 경우는 단 한 번도 없었다. 할렐루야!

2부

관계

4

위로부터 능력을 받다

우리의 그레이트하트, 위글스워스가 직접 자신의 말로 이야기를 계속해나가는 것을 보자.

설교 훈련

나의 아내는 위대한 설교가였다. 내가 설교 자질이 없었음에도 불구하고 아내는 사역을 위해 나를 훈련하겠다고 결심했다. 그래서 아내는 내가 다음 주일에 설교할 것이라는 광고를 여러 번 했다. 아내는 말하길, 내가 시도만 한다면 설교를 능히 할 수 있을 것을 확신한다고 했다. 교회에서 아내가 나의 설교를 예고하는 광고를 했을 때, 그것은 내게 일주일간의 노동과 땀을 흠뻑 흘릴만한 일이었다.

그렇게 나는 주일이면 담대한 마음으로 강단에 올라 본문 말씀을 읽고 몇 마디 한 다음, 회중을 향해 이렇게 말하곤 했다.

"여러분 중에 누구 설교할 사람 있으면, 지금 기회를 드리겠습니다. 나는 설교를 마쳤으니까요."

아내는 나를 다시 설교하게 하려고 했지만, 언제나 똑같은 방식으로 끝이 났다. 그녀는 설교자였으며, 나는 그녀가 설교를 다 맡도록 늘 격려했다.

그러나 시간이 흐르며 내가 발견해낸 것이 있다. 만약 당신에게 잃어버린 영혼에 대한 마음이 있으며 그들의 필요가 당신 앞에 늘 보인다면, 당신이 주님을 바라볼 때마다 주님께서 당신의 그 긍휼한 마음을 표현하게 하실 것이며 당신을 설교자로 삼아주신다는 것이다.

우리는 브래드포드 Bradford 의 한 장소에서 20년 동안 야외예배를 드렸다. 주님께서 나에게 더 많은 자유를 주기 시작한 것은 내가 매주 야외에서 사역했을 때였다.

성령세례 받은 이야기

아내와 나는 항상 '성경적인 거룩함'을 믿었다. 하지만 내 속에서는 세속성을 많이 의식했다. 한번은 진정으로 거룩한 사람 한 분이 우리에게 설교하러 오셨는데 그는 온전히 거룩해진다는 것이 무슨 뜻인지 설교했다. 그는 그것을 새로운 탄생 중생 에 뒤이은 매우 확실한 은혜의 역사라고 했다.

내가 로마서 12장 1, 2절 말씀에 의거하여 내 몸을 산 제물로 주님께 드리면서 10일 동안 기도로 주님을 앙망했을 때, 하나님께서 확실하게 나를 위해 내 안에서 뭔가를 행하셨다. 왜냐하면 그때부터 나는 설교에 참된 자유를 얻기 시작했기 때문이다. 우리는 그것을 성령세례로 여겼다. 그리하여 보우랜드 스트리트에서의 우리의 사명을 '치유'와 '성결', 이 두 가지로 결정했다.

우리가 모든 설교를 다 하는 것이 옳다고는 한 번도 생각하지 않았기에 우리는 우리의 남녀 청년 두세 사람에게 매주 기회를 주었다. 이 젊은 일꾼들이 성장하고 발전했는데 그 결과 그들 중 다수가 놀라운 설교자가 되었다.

우리는 영적인 공급을 따라 우리에게 오는 모든 것을 다 받았다고 생각했다. 그런데 어느 날 우리는 사람들이 성령으로 세례를 받고 다른 방언으로 말하며 성령의 은사들이 나타난다는 것을 들었다. 내가 고백하거니와 나는 이 소식에 가슴이 뭉클했다.

다리 암 환자, 기적의 치유

어느 날 내가 보니 한 남자가 우리 집으로 오는데 계단을 올라 현관문으로 오기까지 거동이 많이 불편해 보였다. 그러나 그는 계단 난간을 붙잡고 어떻게든 간신히 올라왔다. 그 남자는 자리에 앉더니 이렇게 말했다.

"만일 나의 가족들이 내가 당신 집에 오는 것을 안다면, 그들은 절대 나를 오지 못하게 할 것입니다. 당신은 내가 여태 들은 어느 사람들 중 가장 나쁜 이름을 가졌어요."

내가 이렇게 말했다.

"만일 그것이 나에 대한 당신의 생각이라면, 당신은 내 집에서 당장 나가는 것이 낫겠소. 나는 나를 믿지 않는 사람은 원치 않기 때문이요."

"아, 나는 당신을 믿습니다. 나를 쫓아내지 마세요. 당신이 나의 끔찍한 상태를 안다면, 나를 내보내지 않을 것입니다. 내 다리에 손을 얹어주시겠어요?"

나는 그의 다리에 손을 얹었는데 다리가 아니라 꼭 판자 같았다.

"느낌이 좀 이상하네요. 다리에 어떤 문제가 있습니까?"

"암이에요. 다리 전체가 위에서부터 아래까지 암입니다. 나를 그냥 보내지 말아 주세요."

"네, 알겠습니다. 이에 대해 하나님이 뭐라고 하시는지 물어보겠습니다."

내가 주님 앞에 잠시 기다렸더니 주님께서 이런 말씀을 주셨다.

"가서 그 사람에게 7일 밤낮을 금식하게 하라. 그러면 그의 살이 어린아이 살 같아지리라."

나는 주님께서 내게 주신 말씀을 그에게 전했다.

그가 이렇게 말했다.

"나는 하나님께서 당신에게 하신 말씀을 다 믿습니다. 이제 집에 가서 하나님이 나에게 하라고 말씀하신 것을 다 하겠습니다."

4일 후에 내가 창문을 통해서 보니 바로 이 사람이었다. 그러나 계단 난간을 붙잡고 아픈 사람처럼 안간힘을 쓸 필요 없이 그가 여러 계단을 뛰어올라 소년처럼 집 주위를 달리면서 소리쳤다.

"난 완전히 치유받았어요!"

내가 물었다.

"그럼 이제 무엇을 할 건가요?"

"아직 남은 3일 금식을 하러 갑니다. 하나님께서 이미 역사하신 것을 당신에게 얼른 알려 드려야겠다고 생각해서 온 거에요!"

다음에 그가 우리 집에 왔을 때, 그는 내 딸 앨리스를 보고 그녀가 아프리카 앙골라로 가려 한다는 말을 들었다.

"나도 이 일에 동참하고 싶습니다"라고 내 딸에게 말하면서 금화를 한줌 꺼냈다.

"이건 당신이 아프리카로 가는 것에 대한 나의 선물입니다."

그다음 그는 내게로 돌아서서 이렇게 말했다.

"최근 소식 들으셨어요? 선덜랜드 Sunderland, 영국 북동부에 있는 항구도시 에서 사람들이 성령을 받고 다른 방언으로 말하고 있어요. 나는 이것을 직접 보기 위해 선덜랜드로 올라가기로 마음먹었습니다. 나와 함께 가시겠어요?"

나는 기꺼이 가겠다고 대답했다.

그가 말했다.

"좋습니다. 나와 함께 가시면 모든 비용은 내가 대겠습니다."

그는 치유받은 것에 아주 행복해했다. 그리고 그의 인생에서 일어났던 기적에 대해 확실히 하나님께 영광을 돌리고 있었다.

방언 논쟁

나는 브래드포드 사역에서 구원을 받고 선덜랜드로 이사를 간 두 사람에게 미리 편지를 써 보냈다. 그러자 지금 그들에게 일어난 일은 대단히 위험한 오류이며, 다른 방언으로 말하는 것은 악한 능력으로부터 온 것이라는 보고가 왔다. 그들은 이 끔찍한 오류로부터 나를 구하기 위해서 아주 놀라운 여자를 섭외해서 내게 경고하고자 대기시켜 놓았다. 그렇게 만난 그들로부터 내가 첫 번째로 들은 것은 거짓 보고였다. 그들이 할 말을 다했을 때, 내가 "우리 기도합시다"라고 제안했다. 기도할 때 주님께서 참된 자유를 내게 주셨고, 나의 기도가 끝나자 그들은 이렇게 말했다.

"우리가 말씀드린 것에 전혀 신경 쓰지 마세요. 당신 자신의 인도함에 순종하세요."

선덜랜드의 몽크웨어마우스 Monkwearmouth 의 교구 교회의 교육관에서 열린 그 집회에 내가 간 것은 토요일 밤이었다. 집회에 참석하며 내가 이해할 수 없었던 일은 이것이었다. 나는 방금 하나님의 성령이 강력하게 역사하고 있는 브래드포드에서 왔다. 내가 선덜랜드에 오기 전날 밤 하나님의 능력에 의해 넘어지고 쓰러진 사람들이 많았다. 그런데 이 집회에는 브래드포드 집회에서 볼 수 있던 그 능력이 없는 것 같이 보였다. 나는 실망했다.

나는 연이은 집회에 참석했다. 모두를 낙심키신 것 같아 걱정이 되었지만, 나는 일어나서 이렇게 말했다.

"나는 브래드포드에서 왔습니다. 나는 오순절 날에 있었던 것과 같은 이런 방언 체험을 원합니다. 그런데 우리 브래드포드 집회에서는 불이 붙어 뜨거운데, 여러분의 집회는 그렇지 않은 것 같습니다."

그들은 나에게 집회를 방해하지 말고 조용히 하라고 말했다. 그러나 나는 하나님을 매우 갈망했다. 아무도 나를 이해하지 못하는 것 같아도 하나님은 나의 갈급함을 아셨다.

기억이 나는데, 한 사람이 간증하기를, 3주간 동안 주님을 앙망한 후에 주님께서 그에게 성령세례를 베푸시고 다른 방언으로 말하게 하셨다고 했다. 내가 소리쳤다.

"이 방언을 들읍시다. 내가 이를 위해서 왔어요. 들어봅시다!"

그들이 대답했다.

"당신이 세례 받으면, 방언을 말할 것이요."

내 견해를 말하면, 나는 성령세례를 이미 받았다. 내가 10일간 하나님을 앙망하고 그 결과로 내가 받았던 축복을 돌아볼 때, 나는 그것을 성령세례라 불렀었다. 그래서 내가 그들에게 말했다.

"내가 세례를 받았을 때 방언이 나왔던 게 기억납니다. 나의 간증은 달랐어요."

그러나 그들은 "그건 성령세례가 아닙니다"라고 말했다.

나는 전심으로 하나님을 구하고 있었다. 주일 아침 7시에 나는 구세군 기도회에 참석했다. 그 기도회에서 나는 세 번이나 하나님의 강력한 능력에 의해 바닥에 쓰러졌다. 나의 쓰러진 자세가 조금은 부끄럽기도 하고, 오해를 받을까 우려하여 나는 다시 일어나서 무릎 꿇고 기도하려고 자세를 똑바로 했다. 예배가 끝날 즈음 사관이 내게 말했다.

"형제님, 어디서 오셨습니까?"

"나는 브래드포드에서 왔습니다. 내가 선덜랜드에 온 것은 사람들이 여기서 받는 이 방언을 받기 위해서입니다."

"오, 그들이 거기서 받는 것은 마귀입니다."

그러나 아무튼 그는 그날 오후 그를 대신해서 나에게 설교를 부탁했다. 그래서 우리는 아주 놀라운 시간을 가졌다. 그러나 그들은 모두 나에게 오순절 성도들을 가까이하지 말고 다른 방언 말하기를 추구하지 말라고 설득했다.

그날 밤 그 교구 교회 교육관에서 우리는 12시까지 주님을 앙망했다. 나는 월요일 아침에도 다시 그곳에 참석했다. 나는 그날 아침에 다시 집회를 방해하지 않을까 염려되었다. 집회 후 인도에서 온 한 선교사가 나를 따라와서 말했다.

"당신은 우리 모든 집회를 망치고 있어요. 당신은 성령세례를 받았다고 주장하지만, 당신이 참석하는 집회마다 방해하고 있어요."

나는 내 자신을 변호하려고 했고, 우리의 대화는 기분 좋지 않게 끝났다.

하나님의 능력을 입다

그 첫 오순절 집회가 열렸던 성공회 교회의 교구목사인 보디 Boddy 목사가 화요일에 철야집회가 있을 것이라는 광고를 했다. 그 날은 매우 귀중한 시간이었고 주님의 임재가 너무도 놀라웠다. 하지만 아무도 방언하는 것을 듣지 못했다. 새벽 2시 30분에 보디 목사가 "집회를 마치는 것이 좋겠다"라고 말했다. 나는 그 말에 실망했다. 왜냐하면 나는 철야하기를 사모했기 때문이다. 호텔로 돌아가야 하는데 내가 옷을 갈아입었을 때 벗어놓은 옷에 호텔 방 열쇠를 두고 나온 것을 알았다. 인도에서 온 선교사가 내게 말했다.

"내 방으로 와서 함께 주무시지요."

그러나 나는 자러 가지 않았다. 우리는 집회 장소에서 그 밤을 기도로 보냈는데 큰 축복을 받았다.

4일간 나는 하나님 외에 그 무엇도 원하는 것이 없었다. 그러나 그 후에 나는 집으로 가야겠다고 느꼈다. 나는 작별 인사하려고 성공회 주교관으로 갔다.

나는 주교의 아내인 보디 사모님께 말했다.

"저는 떠나려고 합니다. 그런데 아직 방언을 받지 못했습니다."

사모님이 대답했다.

"당신에게 필요한 건 방언이 아니라 세례입니다."

"사모님, 저는 세례를 받았어요."

내가 이의를 제기했다.

"하지만 제가 떠나기 전에 사모님께서 저에게 안수해 주시면 좋겠습니다."

그녀는 내게 안수한 다음, 방에서 나가야 했다. 내게 불이 떨어진 것이다. 나는 오직 하나님과만 그곳에 있었으므로 놀라운 시간이었다. 하나님께서 나를 능력으로 입히셨다. 정결한 보혈로 깨끗게 하심이 내게 감지되었고, 이에 크게 소리쳐 외쳤다.

"깨끗하다! 깨끗하다! 깨끗하다!"

나는 정결케 되었음을 느끼며 기쁨으로 충만했다. 그리고 환상 가운데 주 예수 그리스도를 보게 되었다. 나는 십자가의 빈자리를 보았고, 주님이 아버지 하나님의 우편에 높아지신 것을 보았다.

나는 더 이상 인간의 말로 다 형용할 수가 없어서 하나님의 성령이 말하게 하심에 따라 다른 방언으로 하나님을 찬양하기 시작했다.

비록 내가 전에 기름 부음을 받았을지라도 이제 마침내 오순절 날에 저들이 받았던 것처럼 나도 진정한 성령세례를 받았다는 것을 그때 알았다.

5

성령세례 받은 후 이야기

강력한 성령의 부으심

내가 성령세례를 받았을 때 올 세인츠 처치 All Saints Church 의 큰 교육관에서 집회가 열리고 있어서 나는 곧장 그곳으로 갔다. 그 교회의 교구목사인 보디 Boddy 목사가 말하고 있었다. 그러나 내가 알기로 그는 아직 성령세례를 받지 않았기 때문에 내가 이런 말을 하였다.

“오, 보디 목사님. 혹시 제가 설교를 해도 되겠습니까? 저는 방금 성령세례를 받았습니다.”

교육관은 사람들로 꽉 차 있었다. 내가 무슨 말을 했는지 기억이 나지 않지만, 내가 알기로는 그 날 참석한 모든 사람들에게 극도로 불만과 불만족을 갖게 만들었다는 것이다.

그들이 말했다.

“우리는 이 사람이 너무도 격렬하게 갈급해 해서 그를 비난해왔는데, 그는 들어온 지 2, 3일밖에 안 되었음에도 불구하고 성령세례를 받았고, 반면에 우리는 여기서 여러 달을 기다렸는데도 아직 받지 못했다는 것입니다."

그들 모두에게 엄청난 갈급함이 생겨났다. 그날부터 하나님께서 그의 성령을 부으시기 시작하셨고, 아주 짧은 시간 동안 50명이 성령세례를 받았다.

내가 첫 번째로 한 일은 우리 집에 다음과 같이 전보를 치는 일이었다. "나는 성령세례를 받았고 방언을 했어요!"

그런데 집으로 가는 열차에서 마귀가 의문을 제기했다.

"너가 받은 것을 브래드포드로 가져갈 수 있을까?"

그때 내가 느껴지는 감정에 의하면 나에게는 아무것도 가져갈 것이 없었다. 하지만 의인은 감정이 아니라 믿음으로 사는 것이다. 그래서 나는 열차 객실에서 모든 사람이 깜짝 놀라도록 큰소리로 외쳤다.

"그럼, 난 내가 받은 이것을 가져갈 거야!"

내가 이렇게 선언했더니 큰 기쁨이 내 심령 안에 충만해졌다. 하지만 앞으로 이런 싸움이 있을 거라는 것을 나는 그 순간부터 알았다. 내가 집에 도착했더니 아들 조지 George 가 내게 물었다.

"아버지, 방언으로 말하셨어요?"

"물론이지, 조지야."

"그럼, 한번 들어봐도 돼요?"

그러나 나는 아무 말도 할 수 없었다. 이유는 내가 성령세례를 받긴 했지만, 명백한 방언의 은사는 받지 못했기 때문이다. 방언은 9개월이 지나서야 하게 되었다. 내 아들은 성령세례를 받으면 그에 동반하는 방언이 고린도전서 12장에 나오는 "방언의 은사"가 아니라는 것을 이해하지 못했다. 전자는 성령이 오순절의 충만으로 임했다는 증거로 받는 것이다. 하지만 성령의 특별한 기름 부음이 없으면 방언의 말이 안 나올 수도 있다. 그러나 "방언의 은사"는 그러하기에 받은 사람이 언제라도 기도나 찬양을 위해 사용할 수 있는 것이다.

아내가 말했다.

"당신은 지금까지 방언을 해왔잖아요?"

"그랬지."

"그렇다면 나도 당신과 마찬가지로 세례를 받았지만, 방언을 하지 않는다는 것을 당신이 이해를 해주세요."

내가 보니 싸움은 바로 지금 집에서부터 시작이 되고 있었다.

아내는 계속 말했다.

"나는 20년간 설교를 해왔고, 당신은 지금까지 강단에서 내 곁에 앉아 있었어요. 하지만 이번 주일부터는 당신이 친히 설교하세요. 나는 당신이 어떤 내용으로 설교하는지 들어 보겠어요."

아내는 그 말대로 했고, 주일에 예배당 뒷자리에 앉았다. 그날 전까지 우리는 항상 강단에 함께 앉았었다. 그러니 경쟁은 바로 교회 안에서 시작이 된 것이다.

강단으로 올라가는 3단 계단을 올라갔을 때, 주님께서 이사야 말씀을 내게 주셨다.

> 주 여호와의 영이 내게 내리셨으니 이는 여호와께서 내게 기름을 부으사 가난한 자에게 아름다운 소식을 전하게 하려 하심이라 나를 보내사 마음이 상한 자를 고치며 포로 된 자에게 자유를, 갇힌 자에게 놓임을 선포하며… 사 61:1-3

나는 설교자가 아니었다. 하지만 주님이 그 말씀을 내게 주신 음성을 들었기에 내가 설교를 시작했다. 내가 무슨 말을 했는지 지금 기억이 나지 않지만, 아내는 몹시 불안해했다. 그녀가 앉은 장의자는 9명이 앉는 자리였는데 그녀가 자리를 이리저리 왔다갔다 하는 바람에 긴 장의자 전체를 차지해버렸다. 그러더니 주위 사람들이 다 들을 수 있는 목소리로 이렇게 말했다.

"주님, 저건 내 남편 스미스가 아니네요. 저건 내 남편 스미스가 아니라고요!"

내가 찬송가 마지막 절을 부르고 있을 때 선교회 총무가 일어서서 말했다.

"나는 우리의 지도자가 받은 것을 저도 받고 싶습니다."

이 말을 하고 그가 막 자리에 앉으려 하자 갑자기 자기 자리에 제대로 앉지를 못하고 바닥에 쓰러져버린 것이다. 그다음에는 우리

큰아들이 일어서서 아버지가 받은 것을 자기도 받고 싶다고 말했는데, 그 역시도 앉다가 바닥에 쓰러졌다. 잠깐 사이에 11명이 그 선교회 바닥에 쓰러졌다. 가장 놀라운 일은 그들이 모두 성령 안에서 웃고 서로를 보면서 웃고 있었다는 것이다. 시편 126편 1, 2절 말씀대로 주님께서 실제로 시온의 포로들을 돌려 보내시고 그의 자녀들의 입에 웃음이 가득하게 하셨다.

그것은 하나님의 성령이 말하게 하심을 따라 수백 명의 사람이 성령세례를 받고 그들 모두가 방언을 말하는 성령의 강력한 부으심의 시작인 것이었다.

하나님께서는 내가 전 세계를 다니며 이 영광스러운 진리를 선포해야 한다는 것을 알고 계셨다. 즉, 오순절 날에 제자들이 하나님의 성령이 말하게 하심을 따라 다른 방언으로 말하는 것과 함께 받았던 똑같은 방식으로 성령세례를 받을 수 있다는 진리 말이다.

성령세례 받은 후 첫 집회

내가 성령세례를 받은 후 집회 요청이 들어온 첫 번째는 랭커셔 Lancashire 에서 1,000명 이상의 직원을 두고 공장을 운영하는 남자 공장주였다. 그는 나에게 편지하기를, 내가 사도행전의 기록처럼 처음 오순절 때와 같이 성령을 받았다는 말을 들었다면서, 이것을 체험한 사람을 만나고 싶다고 했다. 그의 편지에는 이렇게 씌어 있었다.

"만일 목사님이 오시면, 나는 매일 오후 공장 문을 닫고 오후 1시부터 11시까지 다섯 번 집회를 열도록 하겠습니다."

나는 이렇게 답장을 보냈다.

"나는 통풍구가 없으면 터질 것 같은 거대한 통과 같습니다. 고로, 집회하러 당신에게로 달려가겠습니다."

그때까지 나에게는 설교 능력이 전혀 없었지만, 그다음에는 성령의 능력으로 강같이 흐르는 예언의 말이 내게 있다는 것을 느꼈다.

나는 랭기셔로 갔다. 그 공장주는 공장 문을 닫았고, 나는 오후 1시부터 11시까지 잠깐씩 쉬면서 설교를 했다. 그리고 그리스도께서는 확실하게 그의 약속하신 말씀을 이행하셨다.

> "나를 믿는 자는 성경에 이름과 같이 그 배에서 생수의 강이 흘러나오리라." 요 7:38

그 공장의 상당히 많은 사람들이 영광스럽게도 구원을 받았다.

죄를 깨닫고 구원받다

이런 일이 있은 지 얼마 후에 나의 사랑하는 아내가 성령세례를 받았다. 그다음부터는 영국의 여러 다른 지역으로부터 수많은 요청을 받고 우리는 함께 다녔다. 그리고 우리가 가는 곳마다 주께서 사람들에게 성령세례를 베푸셨다.

우리는 슈롭셔 Shropshire 의 한 작은 지역으로 함께 가서 프리미티브 Primitive 감리교회에서 집회를 열었다. 아내가 설교하자 성령의 불이 떨어져 그 예배당 안의 모든 사람이 성령세례를 받았다. 그러면서 동시에 상당히 많은 반대와 핍박이 있었다. 작은 시골 마을인지라 인근의 모든 사람이 크게 감동을 받은 듯했다. 자연스럽게 인근 사람들은 모두 그 교회에서 일어난 그 부흥에 대해 알게 되었다.

"성령의 불이 떨어진" 그 이튿날 아침, 나는 마을 주위를 산책하다가 한 식료품점에 들어갔다. 그 가게에 있던 세 사람이 죄를 깊이 깨닫게 되었다. 내가 그 식료품점을 떠나기 전에 그 세 사람 모두 구원을 받았다.

나는 거기서 나온 후, 길을 조금 올라갔는데 밭에서 두 여자가 양동이를 나르는 것을 보았다.

내가 그들에게 소리쳤다.

"여보시요, 당신들은 구원받았습니까?"

여기서도 또다시 엄청난 죄의 깨달음이 그들을 사로잡았다. 그들은 양동이를 내려놓고 기도하기 시작했다. 바로 그 밭에서 주님이 그 두 여자를 구원하셨다.

죄에 대한 자각

내가 가는 곳마다 죄에 대한 자각이 사람들에게 임하는 것 같았다. 나는 남자들이 많이 일하고 있는 채석장으로 들어갔다. 그들이 큰 돌들을 다듬고 있었는데 내가 그들에게 설교했다. 그러자 그들이 죄를 깨닫게 되고 많은 사람이 구원을 받았다.

내가 이 채석장에서 돌아오는 길에 큰 술집을 지나게 되었다. 내가 막 그곳에 가까이 가고 있을 때 두 사람이 오토바이를 타고 지나갔다. 나는 그토록 험상궂게 생긴 얼굴을 가진 사람을 본 적이 없었다. 그들의 인상은 마귀 상에 딱 들어맞는 모습이었다.

나는 그들이 누구인지 몰랐지만, 나에게 가까이 오더니 마구 욕설을 하고 채찍을 날리려고 했다. 그들이 너무도 크게 소리를 질러서 호텔 주인 부부와 다섯 사람이 그 술집에서 나와 갑자기 나에게 저주하고 욕하면서 미친개처럼 덤벼들었다. 내가 그들에게 말 한마디 하지도 않았는데 말이다. 그러나 나는 그들의 공격을 두려워하지 않았다. 나는 즉시 소리 질렀다.

"예수의 이름으로, 예수 보혈의 능력으로 나는 너희를 너희 소굴로 돌려보내노라."

그들은 호텔로 급히 돌아갔고, 나는 들어가서 그들에게 예수를 전했다. 그때 많은 사람이 치유받고 세례를 받았으며 주의 영광이 끊임없이 임했다.

그로부터 20년 후에 내가 그 마을을 방문했었는데 사람들이 하나님께서 찾아오신 그 놀라운 이야기를 다시 이야기했다. 영국의 여러 다른 지역의 사람들이 우리 선교회에 많이 왔으며, 거의 모든 경우에 그들은 내가 그들의 지역을 방문하여 그들에게 뭔가를 해달라는 요청을 하곤 했다.

주님의 영광이 임한 치유

나는 그랜쌤 Grantham 인근에 사는 한 젊은이로부터 자신의 위험한 병에 대해 방문을 요청하는 전보를 여러 차례 받았다. 내가 그랜쌤에 도착 후 거기서 자전거로 9마일 14.4킬로미터 을 더 가야 했다. 그날 오후 그 농가에 도착했을 때, 문에 서 있던 한 여성이 물었다.

"위글스워스 목사입니까?"

"그렇습니다"라고 내가 대답했더니 그 여성이 말했다.

"이런 말 해서 미안한데요, 너무 늦으셨습니다. 내 아들을 위해 지금 할 수 있는 일이 아무것도 없어요."

내가 대답했다.

"부인, 하나님은 나를 어느 곳이든 너무 늦게 보내신 적이 한 번도 없으십니다."

내가 그 젊은이를 볼 수 있는지 그녀에게 물었다. 그는 얼굴을 벽으로 향한 채 누워 있었다. 만약 그가 몸을 뒤집으면 그는 죽을 것이라고 힘없이 말했다. 그의 심장이 너무나 약했기 때문이다.

내가 말했다.

"주님이 당신에게 힘을 주시도록 내가 기도하겠습니다."

그 당시 초창기에 내가 했던 대부분의 일은 많은 기도와 금식이었다. 이번의 경우는 인간의 모든 희망을 초월하는 것임을 나는 알았기 때문에 거의 온밤을 자지 않고 기도했다.

이튿날 아침 나는 일찍 일어나서 인근 밭으로 기도하러 나갔다. 왜냐하면 이번 경우에 대해 매우 큰 부담을 느꼈기 때문이다. 그 동네 밭에서 하나님은 이것이 내 인생에서 뭔가 새로운 일이 되어야 한다는 깨달음을 주셨다.

나는 집으로 들어가서 주님이 아들을 일으키실 것이기 때문에 그의 옷을 준비하라고 요청했다. 그 지역은 습도가 굉장히 높아 축축해서 옷을 입기 전에 불 앞에서 말리는 게 필요하다는 것을 알았기 때문이었다. 그러나 그들은 내 말을 믿지 않았고, 옷을 말리지도 않았다.

그날은 주일 아침이었다. 프리미티브 Primitive 감리교회에서 예배가 있다는 것을 알고 내가 예배에 참석하러 교회에 들어갔더니 설교를 해 달라는 부탁을 받았다. 나는 주님의 말씀을 선포했고, 모든 성도의 마음속에 믿음이 심겨지는 것을 느꼈다. 그러고 나서 일이 벌어졌다. 그들 모두는 그 젊은이의 이름을 알고 있었고, 모두가 함께 이렇게 말했다.

"매튜는 일어날 것입니다!"

그 말로 인해 나는 믿음이 내 안에서 불러일으켜지는 것을 경험했다. 나와 동일하게 다른 사람들에게서도 믿음이 그들 안에 불러일으켜질 수 있다는 것을 알게 되었다. 나는 그 집으로 다시 가서 이렇게 말했다.

“아들의 옷을 널어 놓았나요?”

내가 보기에 그들은 아무것도 하지 않은 것에 조금은 부끄러워 했다. 곧 그의 옷을 꺼내 불 앞에서 말렸다. 나는 방으로 들어가 내가 본 환상을 매튜에게 말했다. 그리고 내가 전에 경험했던 것과는 다른 무언가 새로운 일이 일어날 거라고 말했다.

“내가 당신에게 안수하면 주의 영광이 이곳을 가득 채워 내가 서 있을 수 없게 될 것이요. 나는 힘없이 바닥에 쓰러질 것이요.”

나는 밖에 나가서 그의 옷을 가지고 왔다. 그리고 가족 중 한 사람에게 이렇게 말했다.

“내가 당신에게 바라는 것은 그에게 긴 양말을 신기는 것이요.”

내가 왜 그들에게 그의 긴 양말을 신기라고 요청했는지는 하나의 신비다. 그의 두 다리는 마치 해골의 다리 같았고, 나는 그의 무기력을 보고 기적이 일어나야만 된다는 것을 알았다. 가족 중 한 사람이 매튜에게 긴 양말을 신긴 후에 내가 말했다.

“이제 당신은 방을 나가셔도 됩니다.”

그는 문을 닫고 나갔다. 당신이 이와 같은 경우를 다룰 때 문을 닫는 것은 아주 중요하다. 왜냐하면 문을 닫고 오직 하나님하고만 함께하고 있음을 알기 때문이다. 나는 그 환상이 이루어지길 기도했다. 즉시 내가 그 젊은이를 안수하자마자 하나님의 능력이 방을 가득 채웠고 너무도 강력했기에 나는 바닥에 쓰러졌다. 그리고 나는

15분 동안 영광 가운데 누워 있었다.

그때 침대에 누워 있던 매튜가 외쳤다.

"주님, 이것은 주님의 영광을 위한 것입니다! 이것은 주님의 영광을 위한 것입니다!"

방 안의 모든 것과 더불어 침대가 하나님의 능력으로 단숨에 흔들렸다. 매튜의 체력과 그의 인생과 그의 마음이 모두 새로워졌다.

그가 침대에서 일어나 옷을 입기 시작할 때 나는 여전히 영광 가운데 바닥에 누워 있었다. 그는 옷을 입은 후에 방에서 껑충껑충 뛰며 이렇게 외쳤다.

"나는 주님의 영광을 위해 일어났습니다! 나는 주님의 영광을 위해 일어났습니다!"

그는 방 문을 열고 소리쳤다.

"아빠, 하나님이 나를 고치셨어요. 나는 치유받았습니다!"

아까와 같이 동일한 영광이 부엌을 가득 채웠다. 그의 아버지와 어머니도 쓰러졌다. 그리고 정신병원에서 데려왔지만 아직도 영향을 받고 있는 그 집 딸이 그날 완전히 치유되어 온전해졌다.

그 마을 전체가 큰 감동을 받아 그날부터 부흥이 시작되었다.

나는 눈에 띄지 않게 아무도 모르게 그 마을에 들어갔지만, 내가 떠나 올 때는 온 마을 사람들이 나와서 소리쳤다.

"다시 오십시오. 다시 오세요. 다음에는 좀 더 오래 우리와 함께 계시면 좋겠어요."

방광암 남성의 구원과 치유

나는 9마일 14.4킬로미터 을 걸어서 그랜쌤으로 가서 거기로 이사 온 우리 회심자 중 하나를 방문했다. 내가 문에 이르자마자 그녀가 말했다.

"제 오빠가 목사님을 방광암 환자에게로 모셔갈 것입니다."

나는 그녀의 오빠와 함께 환자의 집으로 갔다. 내가 그 집에 이르기도 전에 울부짖는 소리가 들렸다.

"오, 저런! 오, 저런! 오, 저런!"

그 소리가 어찌나 컸던지 내가 그 집에 당도하기도 전에 그 소리가 들렸다. 내가 그의 방에 들어갔는데 여전히 그가 "오, 저런! 오, 저런!" 소리를 지르고 있었다. 즉시 하나님께서 이 사람과 그의 아내가 구원받지 못했다고 내게 알려주셨다. 내가 그 남자에게 말했다.

"이 큰 고통은 암에 못지않은 정신 문제입니다. 당신은 구원받았나요?"

그가 소리쳤다.

"아, 내가 구원받았다면 편안히 죽을 수 있을 것이요. 내가 구원받았다면, 이런 암이나 어떤 것도 신경 쓰지 않을 것입니다."

나는 구원의 도를 알려주었고, 하나님은 그 남자와 아내를 구원하셨다. 그 남자는 구원받았다는 것에 기뻐했다. 내가 그 집을 나와 걸어가고 있는데 그가 "할렐루야!" 외치는 소리를 들을 수 있었다. 변화는 이루 다 설명할 수가 없지만 그는 더 이상 그 암이 발생하지 않았다. 나는 정거장으로 서둘러 가서 브래드포드행 기차를 타고 집으로 향했다.

하나님께 드린 약속

얼마 있지 않아 내 사업도 하나님께서 허락하신 사역으로 대신해야겠다는 생각이 들었다. 나는 그동안 배관 사업으로 가족을 부양해왔다. 그러나 시외로 집회 초청을 받아 나가는 일이 자주 있다 보니 고객들이 많이 기다려야 하는 상황이었다. 그들은 다른 업체를 찾아야 했고, 나는 자연스럽게 배관 일삼이 줄어들게 되었다.

서리가 아주 심한 시기가 왔다. 나는 여러 다양한 우리 고객들의 수도 파이프를 수리하고 보수하는 일을 해줬다. 그래서 그들은 찬 서리 내리는 기간에도 물을 공급받을 수 있었다. 그러나 쌓인 눈이 안에서 녹는 눈석임 철에는 여러 곳에서 파손된 파이프를 고쳐달라는 요구가 빗발쳤다.

나는 랭커셔의 프레스톤 Preston 에서 집회 초청을 받았다. 그런데 그 집회 기간에 서리가 많이 내려 즉시 브래드포드로 돌아와서 배관 수리를 해달라는 요청이 많았지기 시작했다. 그때 그 집회의 지도자가 내게 말했다.

"목사님이 우리에게 많은 도움을 주었고 큰 축복이었습니다. 목사님이 집회 끝날 때까지 계속해주시면 좋겠습니다. 그러나 집으로 가셔야 한다면 보내드리겠습니다."

나는 집으로 갔지만, 파이프가 파손된 고객들이 많아서 대부분이 어쩔 수 없이 다른 배관공들을 찾을 수밖에 없었다. 배관공을 구하지 못했던 사람은 과부 여자 한 사람뿐이었다. 내가 그녀의 집에 갔더니 물이 넘쳐 있었고 천장 중 하나가 내려앉아 있었다.

그녀에게 너무 죄송해서 파이프와 지붕을 수리해드렸더니 감사해했다. 그녀는 파손된 곳을 수리 받으려고 여러 날을 기다렸기 때문이다.

“얼마를 드려야 하지요”라고 그녀가 묻자, 내가 대답했다.

“한 푼도 받지 않겠습니다. 나는 이것을 나의 마지막 배관 일로 생각하기에 주님께 헌금해드리겠습니다.”

한 친구가 한번은 이런 말을 했다.

“믿음으로 산다고 말하는 사람들은 모두 구두 굽이 닳아 헤어지고, 옷이 낡아서 빛이 바랜 듯 보입니다.”

나는 내가 하나님을 신실하게 섬긴다면 하나님께서 풍성하게 공급하시리라고 믿었다. 나는 그때 하나님께 절대적으로 순종하겠다고 약속했다. 그러나 내 구두 뒷굽이 결코 수치를 당해서는 안 되며, 무릎이 나간 바지를 입을 필요가 없어야 한다는 조건을 내걸었다.

나는 주님께 말씀드렸다.

“만일 이 가운데 어느 하나라도 발생한다면, 나는 다시 배관 일로 돌아가겠습니다.”

오순절 메시지의 선구자

주님은 나의 모든 필요를 항상 채워주셨다. 나의 비전과 믿음을 키워 주셨고 영국 전역에서 초청을 받게 해주셨다.

나는 영국 전역에서 엄청나게 많은 집회를 통해 오순절 성령 메시지를 전하는 선구자였다. 얼마 가지 않아 다른 나라들로부터도 초청이 쏟아져 들어오기 시작했다.

나의 회계장부에는 법정 소송 없이는 수금할 수 없는 돈이 많이 있었다. 하지만 나는 소송을 해서 받는 것보다 그 돈을 잃는 편을 택했다. 그때 내가 진 모든 빚은 주님께서 그의 마음을 열어 나에게 50파운드 대략 250달러 상당을 헌금해준 한 젊은 친구가 갚아주었다.

아내와 나는 브래드포드의 보우랜드 스트리트에서 우리 사역을 계속했다. 내가 다른 곳에서도 사역하고 있기 때문에 자주 빠지는 경우도 있었다. 나는 호별 방문의 유익을 믿었으며, 내가 들어간 모든 집에서 기도했다. 가는 곳마다 영혼들이 구원 받았고 사람들이 치유받았다.

나는 복음을 부끄러워하지 않았다. 그래서 대형 깃대를 구매하여 선교회 건물 바깥에 게양했다. 나는 그 깃대에 길이 3야드 2.7미터 넓이 1.5야드 1.4미터 의 깃발이 휘날리게 했다. 그 기의 한쪽은 빨강, 다른 쪽은 파랑으로 해서 하얀 글자를 새겼다. 한쪽에는 "나는 너희를 치료하는 여호와니라"는 성구를, 다른 쪽에는 "그리스도께서 우리 죄를 위해 죽으셨다"라는 성구를 써놓았다. 그 깃대는 사람들이 지나갈 때 그것을 본 사람들에게 큰 영향을 미쳤다.

하나님께서는 '증가하는 믿음'의 현장으로 나를 옮겨주시고 믿음의 원리에 근거하여 행동하는 방법을 알려주시기 위해 하나님의 말씀이 기록되었다는 것을 보게 해주셨다.

나는 그리스도께서 이 말씀을 하신 것을 깨닫게 되었다.

> 잔치를 베풀거든 차라리 가난한 자들과 몸 불편한 자들과 저는 자들과 맹인들을 청하라 그리하면 그들이 갚을 것이 없으므로 네게 복이 되리니 이는 의인들의 부활시에 네가 갚음을 받겠음이라 눅 14:13-14

믿음이 되살아나게 하는 역사들

그런 이유로 나는 두 사람을 고용하여 모든 가난한 자, 병든 자, 고통받는 자들을 만나 보우랜드 스트리트 선교회의 잔치와 여흥에 초대하는 티켓을 나누어 주게 했다.

고용된 두 사람이 이웃을 돌아다녀 엄청 많은 가난한 사람들을 모아왔다. 그 광경은 말로 다 표현할 수 없었다. 눈이 먼 사람들, 더듬거리는 사람들, 손이 마른 사람들이 있었다. 선교회 주위에 온통 휠체어와 목발 짚는 사람들과 앞을 보지 못하는 사람들이 안내를 받고 있었다. 그날은 그때까지 나의 생애 최고의 날이었다. 나는 울고, 울고, 또 울었다. 내가 울었던 한 가지 이유는 절실한 필요 때문이었다. 또 하나는, 그 기회를 기뻐하고 또 내가 전에 한 번도 본 적이 없는 것을 보게 될 것이라는 기대 때문이었다. 과연 그랬다.

우리가 첫 번째로 한 일은 모두에게 최고급의 식사를 제공하는 것이었다. 최고의 것들을 충분히 준비하여 섬겼다. 그리고 그들이 배불리 먹은 후에, 여흥을 베풀었다. 세속적 의미의 즐거움이 아니라, 프로그램 전체가 치유받은 간증의 이야기로 그들에게 확실한 즐거움을 주도록 한 것이다.

프로그램의 가장 첫 번째 사람은 아주 오랫동안 휠체어에 앉아 밀고 다녔던 사람이었다. 그는 자기가 어떻게 하나님의 능력으로 치유받았는지를 간증했다. 두 번째 사람은 혈루증에서 치유받은 여자였다. 그녀는 수술대에 오르기 전날에 기도와 기름 부음을 통해 치유받은 이야기를 했다. 그다음에는 중풍으로 그의 발과 팔을 끌고 다녔던 남자였다. 그는 의사들이 그를 포기한 후에 어떻게 치유받았는지를 말했다.

한 시간 반 동안 우리는 그곳에 참석한 가련하고 무력한 사람들에게 예수가 어떻게 병자들을 치유하실 수 있는지 이야기를 듣게 하였고, 그들은 깊이 감동 받고 울음바다가 되었다.

나는 그들에게 말했다.

"자, 오늘 여러분을 즐겁게 해드렸습니다만, 다음 토요일에 또 한 번 집회를 열고자 합니다. 오늘 붕대를 감고 오신 분들, 휠체어를 타고 오신 분들, 복음서의 혈루증 여자와 같이 의사들에게 돈을 다 쓰고도 조금도 나아지지 않은 여러분은 오늘 예수의 이름으로 해방

받았던 이들처럼 토요일 밤에 우리를 즐겁게 하실 것입니다."

우리는 그 사람들을 위해 기도했고 하나님께서 강력하게 우리를 만나주셨다. 우리는 그다음 토요일 밤에 한 사람씩 하나님께서 어떻게 그들 각자의 다른 연약한 질병들을 고쳐주셨는지 간증할 때 정말로 즐거운 시간을 보냈다. 나는 그날을 결코 잊지 못할 것이다.

내가 큰소리로 외쳤다.

"누가 치유받고 싶습니까?"

물론, 모두가 치유받기를 원했다.

그중 특별히 한 간증이 기억난다. 나는 휠체어에 탄 여자를 데리러 갔다. 휠체어가 망가져서 내가 간신히 수리했다. 나는 그녀의 집에서 휠체어를 고쳐 도왔지만, 그 휠체어가 그만 노상에서 다시 망가지고 말았다.

내가 그녀에게 말했다.

"괜찮아요. 당신은 어쨌든 두 번 다시 이 휠체어를 필요로 하지 않을 테니까요."

나는 그것을 다시 손을 봐서 선교회에 잘 도착했다. 그리고 하나님께서 아주 놀랍도록 그녀를 치유하여 그녀는 집으로 걸어갔다. 내가 이 사실에 증인이거니와 그녀는 주님을 찬양하면서 집으로 들어가는 계단을 다 걸어서 올라 침실로 들어갔다.

18년 동안 간질을 앓아온 한 청년이 있었는데 즉시 치유가 되었다. 그는 누가 도와주지 않고서는 밖에 나가지를 못했다. 그의 어머니가 그를 집회에 데리고 왔는데 하나님께서 놀랍도록 그에게 역사하셔서 2주 후 그가 공장에서 일을 하고 급료도 받아 왔다.

또 다른 사례는 성경에서의 귀신들린 여자처럼 허리를 펴지 못하고 웅크린 한 젊은이의 사례였다. 예수께서는 그녀가 귀신에 사로잡혔다는 의미에서, 그것을 연약의 영이라 하셨다. 바로 그날 그 젊은이는 그 여자가 회당에서 고침받고 놓였던 것처럼 귀신에게서 해방받고 자유롭게 되었다.

그리스도는 치유 사역을 하실 때 그가 하나님의 일을 하고 있다고 하셨다. 그것을 우리가 믿는다면, 우리 역시도 하나님의 일을 할 수 있다고 말씀하셨다. 예수는 연약의 영을 쫓아내셨다. 그래서 나는 예수의 이름으로 그 연약의 영을 쫓아냈다. 즉시 그 젊은이는 정상으로 되었고, 모든 사람은 그들이 목격한 기적으로 인해 주님께 찬양과 감사를 드렸다.

또 하나의 주목할 만한 사례는 머리에서 발까지 얇은 철로 둘러싸여 있는 한 소년의 이야기다. 건물 안에 사람들이 꽉 찼기에 그 아버지는 철제상자 속의 그 아이를 들어 올려 그 앞의 의자에 앉아 있는 사람에게 넘겼다. 그다음에 그는 그다음 의자로 넘겨지고 또 다른 사람들이 그를 넘겨서 마침내 그가 강단에 있는 내 앞에 놓이게 되었다. 나는 그에게 기름을 바르고 예수의 이름으로 안수했다. 그러자 그가 갑자기 소리쳤다.

"아빠, 아빠, 아빠. 내 온몸에 퍼지고 있어요! 내 온몸에 퍼지고

있어요! 내 온몸에 퍼지고 있어요!”

그는 그날 놓임을 받았고 완전히 자유하게 되었다.

당신은 사람들이 이러한 기적의 역사를 보았을 때 그들의 마음 가운데 믿음이 되살아났다는 것을 의심할 수 있겠는가? 일주일 후에 이 사람들은 그리스도가 자신들을 위해 행하신 일을 간증하는 증인으로 쓰임받았다.

6

치유 사역

메시지는 오직 그리스도

우리는 종종 스미스 위글스워스가 이렇게 말하는 것을 들었다. 성경 본문이 어디든 상관없이 그는 항상 "주님은 모든 죄를 용서하실 뿐만 아니라, 또한 모든 병을 고치신다"는 설교로 마무리를 했다.

그의 변함없는 메시지는 항상 '그리스도'였다. 그는 그리스도에 대해 이렇게 말하곤 했다.

"예수님만큼 사랑과 긍휼의 마음을 가지고 세상에 오시고 사람들의 모든 필요를 채워주신 분은 아무도 없습니다. 예수께서 우리에게 이렇게 선언하십니다. '내가 진실로 진실로 너희에게 이르노니 나를 믿는 자는 내가 하는 일을 그도 할 것이요 또한 그보다 큰일도 하리니 이는 내가 아버지께로 감이라.' 하나님께서는 우리 모두가 말씀에 명시된 모든 것을 믿는 담대한 믿음을 갖길 원하십니다."

스미스 자신의 이야기를 계속 들어보자.

치유받은 당사자의 간증

스웨덴에 있었던 어느 날이었다. 내가 한참 걸어가고 있는데 어떤 한 사람이 문간에 쓰러지는 것을 보게 되었다. 곧바로 주위에 사람들이 모여들었고 그가 죽었다고 말했다. 나는 즉시 예수의 이름의 능력과 권세를 사용했고, 그는 그 자리에서 바로 구원받았다. 그가 그런 식으로 고통을 당한 지 여러 해가 되었다고 말했다. 주님께서는 그를 대중의 본보기로 삼으라고 내게 말씀하셨다. 그래서 그를 집회에 나오도록 초청했고, 그가 나와서 자신이 구원받고 해방받은 것에 대해 간증했다. 그는 마귀가 계속 자기에게 말했던 가장 끔찍한 것들을 말했고, 그리고 나서 마귀가 바로 자기에게서 나갔다고 우리에게 말했다.

내가 실론 Ceylon, 현재 스리랑카 에 있을 때, 어떤 곳에 가서 한 여자를 위해 기도하게 되었다. 그녀는 암에 걸려 끔찍한 상태에 있었는데 거의 죽기 직전이었다. 집에는 사람들로 꽉 차있었고 나는 그들에게 그리스도를 전했다.

내가 선포했다.

"나는 이 여성이 치유받을 것을 알고 있습니다. 하지만 나는 여러분이 내게 임한 주님의 능력을 알기 원합니다. 여러분을 죄에서 구원하고 마귀의 모든 능력으로부터 여러분을 구출할 수 있는 분을 여러분이 알기를 원합니다."

내가 그 여자를 위해 기도하자 그녀가 치유받고 해방된 것이 너무도 놀라웠고 그 집에 모인 사람들에게 큰 영향을 주었으므로 그들이 신문사에 알려서 그 이야기가 널리 알려지게 되었다. 그리고 그가 자원해 직접 집회에 나와서 주님이 어떻게 자신을 완전하게 치유하셨는지를 간증했다.

그리스도께서 우리에게 "믿는 자들에게는 이런 표적이 따를 것이라"고 말씀하셨다. 믿는다는 것이 무엇인가? 그것은 주님이 하신 말씀을 신뢰하기 때문에 우리는 그를 그의 말씀대로 받아들인다는 뜻이다. 주님이 그렇게 말씀하셨기 때문이다.

죽었던 여자를 살리다

어느 날 죽어가는 여자를 방문해달라는 요청을 받았다. 그녀의 방에 들어갔더니 인간의 눈으로 볼 때 희망이 없어 보였다. 종양을 앓고 있었는데 그것이 그의 생명을 점차 약화시키고 있었다. 그녀를 보니, 주님께서 기적을 행하시지 않으면 살아날 가망이 없다는 것을 알았다. 그러나 감사하게도 주님이 하실 수 있음을 나는 알았다.

그 여자에게 말했다.

"당신이 매우 약하다는 것을 알지만, 만약 당신이 치유를 받기를 원한다면 팔을 들어 보시겠어요? 팔을 들어 올릴 수 없다면, 당신의 손가락을 들어 올리셔도 됩니다."

그녀는 침대 위에 올려져있던 손가락을 겨우 조금 들어 올렸다.

나는 내 친구 피셔 Fisher 에게 말했다.

"우리가 그녀와 함께 기도하고 그녀에게 기름을 바릅시다."

그녀에게 기름을 바르자, 그녀의 아래턱이 툭 떨어졌다.

그것을 보고 내 친구가 말했다.

"그녀는 죽었어."

친구는 겁을 먹었다. 나는 내 생애에서 그토록 놀란 사람을 한 번도 본 적이 없었다.

"어떻게… 어떻게 하지?" 하고 그가 겁먹은 표정으로 물었다.

내가 한 일이 우스꽝스럽다고 당신이 생각할지 모르지만, 나는 침대에 손을 뻗어 그녀를 끌어냈다. 그녀는 완전히 죽은 사람이었기 때문에 나는 방을 가로질러 그녀를 옮겼고, 벽에다 세워 그녀를 들어 올렸다. 나는 그녀의 얼굴을 들여다보며 말했다.

"예수의 이름으로 나는 이 사망을 꾸짖노라."

그러자 그녀의 머리 정수리부터 발바닥까지 그녀의 몸 전체가 떨리기 시작했다.

"예수의 이름으로 내가 명하노니 걸으라"

나는 반복해서 명했다.

"예수의 이름으로, 예수의 이름으로 걸으라!"

그랬더니 그녀가 걸었다.

내 친구가 재빨리 밖에 나가서 사람들에게 말하기를, 한 여자가 죽은 자 가운데서 살아나는 것을 보았다고 말했다. 그 여자의 담당 의사가 그 이야기를 듣고 그녀를 보러 쏜살같이 왔다.

의사가 말했다.

"피셔 장로님한테 당신이 다시 살아났다고 들었습니다. 정말로 그런 일이 있었는지 내게 말해주세요."

그녀가 그렇다고 하자, 그가 한 가지 요청을 했다.

"내 차로 당신을 모시고 가면 홀에서 간증해 주실 수 있나요?"

"네. 그렇고 말고요. 내가 어디든 가서 간증을 하겠습니다."

그녀는 창백한 모습으로 홀에 왔지만 그녀의 얼굴에는 사랑스러운 밝은 빛이 있었다. 하얀 옷을 입은 그녀는 너무 아름다워 보였다.

그녀는 이렇게 말했다.

"나는 여러 달 동안 서서히 죽음을 향해 가고 있었던 사람이었지만 이제는 아이들을 위해 살고 싶습니다. 나는 '희망'이라곤 전혀 없어 보이는 마지막 순간에 이르렀습니다. 그 순간 어떤 사람이 찾아와 나와 함께 기도하여 말하기를 '당신이 살고 싶다면 반응을 해주시겠습니까? 말을 할 수 없거나 손을 들어 올릴 수 없다면, 손가락 하나를 움직여보세요'라고 했습니다. 내가 손가락을 움직인 것은 기억이 나는데 그 순간부터 제가 영광 안에 있을 때까지 아무것도 기억하지 못합니다. 하지만 그 영광이 어떤 것인지는 여러분에게 꼭 말해야겠다는 생각이 듭니다. 저는 셀 수 없이 많은 사람들을 보았습니다. 오, 그 기쁨, 그 노래! 너무 아름다웠고, 예수님의 얼굴이 모든 것을 빛나게 했습니다. 제가 아름다운 시간을 보내고 있는 바로 그때 주님께서 갑자기 말없이 저를 가리키셨고, 저는 가야만 한다는 것을 알았습니다. 그러자 한 사람이 '걸으라, 예수의 이름으로 걸으라!'라고 말하는 소리가 들렸습니다. 만일 제 담당 의사가 여기 있다면, 그가 무슨 말을 할지 듣고 싶습니다."

의사가 일어나 말을 하려고 했지만, 처음에는 말을 할 수 없었다. 그의 입술은 떨리고 그의 눈은 분수같이 보였다. 마침내 그가 말하기를 그는 여러 달 동안 기도해왔다고 했다. 그는 더 이상 희망이 없다고 느꼈고, 그 여자가 오래 살지 못할 것이라고 가족에게 말했었다. 사실, 그것은 단지 시간 문제에 불과했다. 그러나 기적은 예수의 이름을 통하여 이루어졌음을 그는 인정했다.

그 의사는 그의 한 친구에게 편지를 보내 이렇게 말했다.

"당신이 위글스워스의 설교를 들을 기회가 생긴다면, 반드시 그렇게 하십시오. 수백 명의 사람이 이 장소에서 치유를 받았습니다."

젊은 여자의 귀신을 쫓아내다

나는 런던의 한 여자를 위해 가서 기도해 달라고 요청하는 전보와 편지를 많이 받았다. 그들이 자세한 사항은 내게 알려주지 않았고, 그 여자가 굉장한 곤경에 처해 있다는 정도였다.

내가 그 집에 도착하니 그의 사랑하는 아버지와 어머니가 나를 붙잡고 손을 맞잡은 채 주저앉아 울었다. 그러더니 나를 데리고 발코니로 들어갔다. 그들은 조금 열려 있는 문쪽을 가리키고는 나를 두고 가버렸다. 내가 그 문으로 들어갔는데 내 생애에 그와 같은 광경을 한 번도 본 적이 없었다. 네 명의 장정이 아름다운 젊은 여인을 바닥에 붙들고 있었고, 그녀의 옷은 심하게 몸부림친 탓인지 찢겨 있었다. 방에 들어가서 그녀의 눈을 들여다봤더니 눈이 휘둥그레졌지만 그녀는 말을 할 수 없는 상태였다. 그녀는 마치 무덤에서 나와 예수님을 보고 그에게 이르자마자 귀신의 세력이 말했던 귀신 들린 자 같았다. 이 젊은 여자 안에 있는 귀신의 세력이 말했다.

"나는 너를 안다. 너는 우리를 쫓아낼 수 없다. 우리는 많다."

"그렇다. 너희가 많다는 것을 내가 알지. 그러나 나의 주 예수께서 너희를 모두 쫓아내실 것이다."

놀라운 순간이었다. 오직 주님만이 그 상황을 대처할 수 있는 순간이었다. 사탄의 힘이 너무 강해서 한순간 그녀가 빙그르르 돌더니 그 네 명의 장정들에게서 빠져나갔다. 그러는 사이 주의 성령이 내게 놀랍게 임재하셨고, 내가 바로 그녀에게 다가가서 얼굴을 들여다보았다. 거기에 악한 세력들이 보였고, 바로 그녀의 두 눈이 귀신의 세력으로 번쩍였다.

"비록 너희 수가 많을지라도 나는 예수의 이름으로 지금 이 순간 떠나라 명하노라"라고 내가 소리쳤다. 그녀는 즉시 구토를 시작했다. 그다음 한 시간 동안 그녀는 37마리의 악령을 토해냈고 그들이 나올 때마다 그들의 이름을 불렀다. 그리고 바로 그날 그녀는 완전히 온전해졌다. 이튿날 아침 10시에 나는 그녀와 교회에 가서 함께 앉아 성찬 예배를 드렸다.

대소동이 벌어진 집회

1948년 로스앤젤레스에 방문했을 때의 일이다. 이전에 위글스워스를 천막집회에 초청한 사람이 직접 목격한 사건을 내게 말해주었다. 그가 어느 날 밤 집회에서 이제 막 설교를 시작했을 때 앞 좌석 중 한 곳에서 대소동이 벌어졌다. 한 부인이 기절한 것이다. 그녀 주위에 사람들이 모여들었다. 그때 위글스워스가 외쳤다.

"이 집회를 방해하는 너 악한 마귀야, 내가 너를 꾸짖노라."

그러자 집회에 있던 사람들이 그가 너무 가혹하다고 비판했다.

그러나 이 사건에 뒤이어 일어난 일이 그의 행동을 정당화해주었다. 며칠 후에 기절했던 그 여성의 남편이 위글스워스 목사를 만나러 집으로 왔다.

"제 아내는 수년간 병을 앓아왔습니다"라고 그가 설명했다.

"저는 아내의 시중을 들어야 했습니다. 매일 아침 아내의 아침식사를 쟁반에 담아 침실로 갖다주곤 했지요. 그러나 목사님이 아내 안에 있는 그 악한 세력을 꾸짖었던 그 밤 이후로 모든 것이 달라졌어요. 이튿날 아침 아내가 제게 이렇게 말했습니다.

'오늘 아침에는 당신이 식사를 갖다 줄 필요가 없어요. 이제 완전히 치유되었으니 내가 일어나서 아침식사를 직접 준비할 거예요.'

그때 이후로 아내는 매일 아침 그렇게 했어요. 틀림없이 아내는 병약한 영에 사로잡혀 있었지만, 아내가 기절했던 그 밤에 목사님이 마귀를 꾸짖은 이후로 그 증상이 사라지고 이제 아내는 완전히 자유롭게 되었습니다."

스미스 위글스워스는 말년의 얼마 동안 그의 사위 제임스 솔터 James Salter 와 그의 딸 앨리스 Alice 를 동반하여 다녔다. 딸은 아버지의 서신을 대부분 담당했고, 사위는 그가 아프리카의 벨기에령 콩고에서 말씀을 전하고 후속 집회에서 많은 놀라운 기적과 표적에 대해 간증을 나눌 때 여러 다른 청중들에게 믿음을 사역하는 일을 크게 도왔다.

솔터 부부는 그들이 우리 그레이트하트의 믿음의 기도에 뒤따르는 수백 가지의 기적을 본 것에 대해 말해준다.

끝나지 않는 믿음의 행진

그의 주인이신 예수님처럼, 위글스워스는 권세 있는 사람이었다. 그는 미국 캔자스시티 Kansas City 에서 귀신들린 여자를 위해 기도해달라는 요청을 받았다. 그가 그 집에 도착했을 때, 그 여자 안에 있는 귀신의 세력이 가장 극심한 욕설을 퍼부었다. 이에 그는 예수의 이름으로 그 악한 영들에게 떠나라고 명령했다. 그런 다음 그가 그 집을 떠나려고 문으로 걸어가고 있는데 그 여자가 그를 따라와 그녀의 입으로 무지막지한 저주와 욕설을 퍼부어댔다. 그는 "내가 기도할 때 믿음으로 기도하지 않은 것 같은데… 돌아가서 한 번 더 기도하는 것이 좋겠어"라고 말하지 않았다.

그가 그렇게 했다면 실패로 돌아갔을 것이다. 그는 돌아서서 그 여자 안에 있는 귀신의 세력에게 다음과 같이 권위 있게 선포했다.

"내가 네게 떠나라고 이미 명하였다."

그것으로 충분했다. 그 여자는 귀신의 세력에서 완전히 해방되었고, 그녀의 담임목사는 후에 말하기를 그녀가 다시는 귀신들림이 없었다고 했다.

이 외에 이 장에 기록된 여러 치유 사례들은 모두 사위인 제임스 솔터 James Salter 가 우리에게 말해주었다. 솔터가 위글스워스에 대해 계속 이야기를 해나가는 것을 보자.

제임스 솔터의 계속되는 이야기

위글스워스는 종종 집회에서 다음과 같이 말함으로써 우리를 깜짝 놀라게 하곤 했다.

"주님이 우리 가운데 계시고, 치유하고 축복하는 그분의 능력이 있다는 것을 여러분에게 보여주기 위해서 우리가 시연을 하려고 합니다. 사도행전에 이런 말씀이 있습니다. '예수께서 행하시며 가르치시기를 시작하심부터.' 그의 행하심은 그의 가르치심보다 앞섰습니다. 그리스도가 전하신 모든 설교는 이의 모델이 되는 기적에 의해 시작되었습니다. 우리는 주님의 예를 따르려고 합니다. 이 많은 청중 중에서 지금 서 있는 그 첫 번째 사람이 어떤 질병을 앓고 있든 나는 그 사람을 위해 기도할 것이며 하나님께서 그를 구원해 주실 것입니다."

그의 담대한 발표를 들었을 때 우리의 마음이 얼마나 자주 떨렸던지! 왜냐하면 그곳에는 암이나 폐결핵 환자들, 휠체어 탄 사람들, 접이식 침대에 누운 자들, 몸이 뒤틀리고 가련한 온갖 종류의 질병 환자들이 있을 것이기 때문이었다. 우리는 단순한 환자들만 일어서고, 중증 암 환자나 기형의 장애인들은 하나도 없었으면 하고 은근히 바랬다.

한번은 그의 도전에 반응하여 가련하고 뒤틀린 장애인이 지팡이 두 개를 짚고 일어서려고 했을 때 우리는 자리에서 몸을 떨었다. 위글스워스 목사는 그를 보더니 꿈쩍도 하지 않았다. 그는 특유의 태도로 이렇게 질문했다.

"자, 당신이군요. 당신에게 무슨 일이 있습니까?"

그는 상황을 파악한 후, 이렇게 말했다.

"좋아요. 우리가 당신을 위해 기도하겠습니다."

그는 회중 전체에게 그와 함께 기도하자고 했다. 그런 다음, 그 사람을 가리켜 말했다.

"이제 당신의 지팡이를 내려놓고 내게로 걸어오시오."

그 남자는 한동안 더듬거렸다. 그런 다음 그는 지팡이를 바닥에 떨어뜨리고 발을 질질 끌기 시작했다.

"걸으세요, 걸으세요!"라고 위글스워스 목사님이 소리쳤다.

그러자 그 사람이 발걸음을 천천히 옮겼다.

"이제는 달리세요"하고 그가 명령하자, 놀랍게도 그 사람이 그대로 했다. 참석한 모든 사람이 크게 기뻐하였고, 우리는 무한한 안도감을 느꼈다!

집단 치유의 시작

스웨덴에서는 신유와 물세례에 관한 그의 설교가 의사들과 일부 목회자들을 자극했으므로 그들이 연합하여 의회에 청원서를 제출했다. 이 일로 인해 위글스워스 목사님은 대중 앞에서 치유를 위해 사람들에게 안수하는 것을 금지당했다.

어느 날 그가 공원에서 설교하고 있을 때였다. 어림잡아 적어도 이만 명 정도의 무리가 그의 설교를 듣기 위해 모였다. 그가 법을 준수하는지 확인하기 위해 많은 정부 대표들도 함께 참석했다. 그는 그 상황에 맞섰고, 모든 환자에게 "가능하시다면 자리에서 일어서세요"라고 부탁했다. 그리고 만약 일어서지 못한다면 어떤 식으로든 그들의 필요를 알려주면 그들을 위해 기도하겠다고 했다.

그가 말했다.

"자, 각 사람은 자기 머리에 손을 얹으세요. 그러면 내가 주님께서 여러분을 치유하시도록 기도하겠습니다."

아픈 사람들이 각자 그들의 환부에 자신의 손을 얹었고, 그가 간단한 믿음의 기도를 드렸다. 그 결과 수백 명의 사람이 축복을 받고 치유되었다. 이런 식으로 그는 법의 제재를 피했다.

말년에 그는 청중이 매우 많은 집회에서 도움이 필요한 사람들에게 모두 기도를 해 주면 몇 시간이 걸릴 것이라는 것을 알았기에 이 간단한 방법을 여러 번 사용했다. 이렇게 해서 그가 후에 "집단 치유" wholesale healing 방법이라고 언급했던 것이 스웨덴 스톡홀름의 한 공원에서 탄생하였다. 사실 이것은 스웨덴 정부가 취한 조치로 그에게 강요된 것이었다. 수백 명의 사람이 이 방법으로 고침을 받았고 이 치유는 영구적이라고 해도 과언이 아니었다. 이 첫 번째 집단 치유 경험에 대해 위글스워스 자신이 설명한 제9장을 보라.

한 달 동안 하루에 두 번씩 집회를 가졌던 어느 대도시에서는 그의 사역을 찾는 많은 사람으로 인해 이 방법이 매일 사용되었다.

어떤 사람은 설교자가 말하는 내용을 조금이라도 이해하기 위해 강단 맨 앞자리에 앉았다. 그는 귀가 들리지 않은 지 40년이 된 사람이었다. 이런 대대적인 집단 치유가 나타나자 그는 갑자기 그의 머리를 사정없이 흔들기 시작하더니 예배당 밖으로 뛰쳐나갔다. 그리고 그는 간증하기 위하여 저녁 예배 때 다시 돌아왔다.

그가 간증하기를, 그는 40년간 귀가 전혀 들리지 않았는데 아침 집회 중에 설교자가 기도하는 동안 그의 머리에서 무언가가 툭 소리가 나는 것 같았고 대포를 쏘는 듯한 큰 소음이 그의 귀를 가득 채웠다고 말했다. 그래서 그는 집회장 밖으로 나가 길 꼭대기로 달려갔고, 거기에서 설교자의 음성을 아주 분명하게 들을 수 있었다.

남은 예배 시간 동안 그는 자신이 소리를 들을 수 있다는 것이 너무도 기뻐서 설교자로부터 가장 먼 구석진 뒷자리에 앉았고, 이제는 그가 아주 잘 들을 수 있다는 것을 모든 사람이 알 수 있게 되었다.

바로 그 집회에 총상으로 척추에 손상을 입은 참전용사 한 분도 참석했다. 집단 치유가 나타난 상황에서 그 역시 완벽하게 치유를 받았다. 두세 사람이 동시에 암에서 고침을 받기도 했다.

한 어린 소년이 테이블 위에 올려졌다. 그의 다리 중 하나가 2인치 5센티미터 나 더 짧았다. 그의 아버지는 아이에게 어떤 일이 일어났는지 청중에게 말할 수 있도록 아이를 들어 올려 주었다. 그 소년이 이렇게 증언했다.

"설교자가 사람들에게 팔이든 다리든 병이 있는 것은 무엇이든 움직여보라고 말했을 때, 내가 짧은 다리를 내밀었더니 다리 길이가 다른 쪽 다리만큼 길어졌습니다."

이 기적의 결과를 1,500명 정도의 사람들이 목격했다.

같은 집회 기간 중 한 여자가 일어서서 이렇게 말했다.

"저는 고통을 많이 받은 환자입니다. 오랫동안 의사에게 진료 받았고, 현재 저는 부동 신장과 담석, 만성 맹장염을 앓고 있어요."

다른 많은 사람과 함께 그녀는 집단 치유가 나타나는 시간에 일어났다. 위글스워스가 기도를 드리자 그녀는 완벽하게 치유되었다. 이 집단 치유 방법으로 그 집회에서 수백 명의 사람들이 축복받아 치유되고, 해방을 받았다. 집회는 이 책이 쓰이기 20년 전에 행해졌음에도 그 결과는 영구적이었다.

수천 명의 폐결핵 환자들이 치료를 받기 위해 사막 주변에 모여 사는 중심지인 애리조나 Arizona 의 한 대도시에서 우리는 집회를 열었다. 이 소식이 삽시간에 그 사람들에게 퍼지자, 일부가 그 예배에 참석하기 위해 상당히 먼 거리를 차를 타고 왔다.

부자와 가난한 자, 모든 계층과 초기나 중증의 모든 폐 질환 단계에 있는 다양한 환자들이 참석했다. 여기서도 그는 집단 치유 방법을 사용했다. 그가 도전하자 병세가 크게 진행된 어느 젊은 부인이 용기를 내어 일어났다.

“복도로 나와 서세요”라고 그가 그녀를 불렀고, 그녀는 복도로 나왔다. 그녀의 마음은 흥분되었고, 서 있기가 숨이 차서 숨을 헐떡거렸다.

위글스워스가 말했다.

“자, 이제 내가 당신을 위해 기도할 것입니다. 그러면 당신은 이 집회장을 뛰어다니게 될 것입니다.”

그는 기도한 다음 이렇게 외쳤다.

“달리세요, 부인, 달리세요.”

“하지만 나는 달릴 수 없어요. 서 있을 수도 없을 지경인데요.”

“이 말에 대답하지 마시고, 내가 말한 대로만 하세요.”라고 그가 소리쳤다. 그녀는 움직이길 주저했다. 그러자 그가 강단에서 뛰어내려와 그녀가 달리도록 재촉했다. 처음에는 그가 그녀를 조금 도왔다. 그녀는 그에게 매달리더니 속도를 내어 마침내 그 큰 강당을 질주했다. 어느 정도 시간이 흐른 후에 보았더니 그녀는 아주 건강했다.

그가 "달리세요"라고 말했던 바로 그 집회에 또 다른 한 여자가 있었다. 그녀가 주저하면서 달리려고 하지 않자 그가 그녀를 밀었다. 그녀는 그에게 매달려 함께 그 집회장을 두세 바퀴 달렸다. 그녀의 두 다리는 좌골 신경통으로 인해 발이 너무 마비되어 거의 걸을 수가 없었다. 그러나 하나님께서 그녀를 완전히 해방해 주셨다. 그 후 그녀는 매일 전차를 이용하는 대신 걸어서 집회에 참석했다. 그녀의 팔다리를 다시 완전히 사용할 수 있게 되어 너무도 기뻤기 때문이었다.

그는 일대일로 방문하여 이뤄진 치유를 "개인 치유" retail healing 라고 불렀다. 한 부인이 어느 날 영국의 리즈 Leeds 에서 버스를 기다리며 줄을 서 있었다. 제복을 입은 한 간호사가 그녀 옆에 서있다가 둘이 대화를 하게 되었다. 그들은 둘 다 크리스천인 것을 알았고 이야기가 자연스레 질병이라는 주제로 바뀌었다. 그 여자는 간호사에게 엄지손가락이 아픈 아들이 있는데 그를 병원으로 데려갈 생각을 하고 있다고 말했다.

"그렇게 하지 마세요." 그 간호사가 말했다.

"병원에서는 절단할지도 몰라요. 아들을 위해 기도해줄 분의 주소를 알려줄게요. 주님께서 그의 엄지손가락을 고쳐주실 것입니다."

이때 마침 버스가 도착했다. 간호사가 가려는 방향의 버스가 아님에도 그녀는 대화를 계속 할 수 있도록 부인과 함께 버스에 탔다. 버스에서 그 여자가 간호사에게 말했다.

"나 역시도 아파요. 유방암이에요."

간호사는 가방에서 작은 책을 꺼내더니, 거기에 스미스 위글스워스라는 이름과 주소를 썼다.

"이분에게 편지를 쓰세요. 그러면 답장을 받을 것입니다."

간호사는 하나님을 위한 일을 마치고 가까운 정류장에서 내렸다.

그 아픈 부인은 위글스워스 목사님께 바로 편지를 보냈다. 그래서 우리는 부인을 방문하여 암이 상당히 진행된 상태임을 알게 되었다. 부인을 위해 기도한 다음, 우리는 25마일 40킬로미터 떨어진 집을 향해 떠났다. 하나님께서 그 부인을 완전히 구원하여 그녀의 몸을 건강하고 튼튼하게 하셨다. 너무도 건강이 좋아지자 부인은 집을 꾸미기로 작정했다. 찬장을 정리하다가 오래된 성경 한 권을 발견했다. 그것을 펴자마자 빨간 잉크로 밑줄을 그어놓은 대목에 그녀의 눈이 멈춰졌다. 거기에 이런 글귀가 씌어 있었다.

네 건강이 신속히 솟구치며 사 58:8

부인은 12년 전에 그 구절에 표시를 해두었다. 그런데 그 때에는 말씀을 잊어버리고 하나님 말씀의 약속을 주장하지 않았다. 하지만 이제 그녀의 믿음은 자신의 체험과 문자 그대로 이루어진 말씀으로 인해 강해졌다. 이 사건 이후로 여러 해가 지나갔지만, 부인은 더 이상 암으로 고생하지 않았다.

손수건을 통한 치유

이 놀라운 사도행전 말씀에 주목하라.

> 하나님이 바울의 손으로 놀라운 능력을 행하게 하시니 심지어 사람들이 바울의 몸에서 손수건이나 앞치마를 가져다가 병든 사람에게 얹으면 그 병이 떠나고 악귀도 나가더라 행 19:11,12

수백 가지 사례 가운데 특별한 기적들은 위글스워스 목사가 병든 사람들에게 보냈던 손수건을 통해 이루어졌다. 그리고 그 놀라운 역사가 이루어진 기적들을 말하는 감사 편지들이 수백 통이나 쏟아져 들어왔다. 그러한 사례들에 답장만 포함해도 여러 권의 책을 쓸 수 있었을 것이다.

온갖 종류의 질병들에게서 놓임을 받았고, 술꾼들은 독한 술맛을 잃어버렸고, 흡연자들은 담배를 끊었다. 다루기 힘든 아들, 딸들이 그리스도께로 돌아왔고, 별거하던 부부들이 재결합하게 되었다. 위글스워스의 손수건은 삶의 모든 종류의 필요와 문제와 질병에 사용되었다.

손수건을 보내서 치유받은 사례 중 특히 흥미로운 사례 하나가 있다. 한 부인이 암으로 죽어가는 상태에 있었다. 손수건이 도착하자 그녀는 남편과 가족들 앞에서 그것을 베개 위에 올려놓았다. 거기에 누워 있을 때에 부인은 기도한 베개 천에서 하나님의 임재를 느끼기 시작했다. 그녀의 몸에 치유가 일어날 때까지 말이다. 지금은 암의 흔적을 찾을 수 없다.

스미스 위글스워스는 그가 사용한 모든 방법이나 수단은 치료자 여호와였으며, 예수 그리스도는 어제나 오늘이나 영원토록 동일하시다는 것을 항상 분명히 했다.

항의와 비판인가, 성령의 인도인가

그는 언제나 예측 불가의 사람이었다. 그가 때로는 예사롭지 않은 괴상한 일을 했지만, 후에 우리가 발견하기를 그는 정말로 성령의 인도를 받은 것이었다. 한번은 그가 매우 많은 청중 앞에서 치유사역을 하고 있을 때였다. 그가 한 부인에게 상당히 엄격해 보였고, 이내 그 부인이 바닥에 쓰러졌다.

“부인을 일으켜 세우세요”라고 그가 말하자, 그녀는 다시 쓰러졌다. 근처의 몇몇 사람들이 그에게 항의했지만, 그는 자신이 할 일을 알고 있으며, 부인을 상대하는 것이 아니라 마귀를 상대하고 있다고 대답했다. 다시 그녀가 일어섰는데, 그녀가 서자 거대한 암 덩

어리가 그녀에게서 바닥으로 떨어졌다. 그것이 해답이었다.

빈번히 그가 행한 방법은 오해를 받았으며, 그의 동기가 잘못 해석되었다. 그러나 그는 하나님 외에 다른 곳으로 눈을 돌리지 않는 '한 눈'과 사람들을 향한 '거룩한 성실함'으로 사랑스럽게 인내했다. 그는 그런 비판에 동요하지 않았다. 그리고 이렇게 말하곤 했다.

"나는 보는 것이나 듣는 것에 의해서 움직이지 않습니다. 나는 내가 믿는 것에 의해서 움직입니다."

각처에서 그에게 문이 열렸지만 대적도 많았다. 그의 가장 강력한 부흥의 최절정기, 수천 명의 사람이 치유되는 때의 일이었다. 분명히 걷지 못하는 한 여자가 휠체어를 타고 교회에 들어왔다. 그녀를 위한 기도 부탁을 받은 스미스 위글스워스는 평소와 같이 기도해 주었다. 약 일주일 후 그녀의 변호사로부터 이 여자의 피해에 대한 손해배상을 청구하는 편지가 도착했다. 그 사건은 진실이 아니었는데 의사의 소견서가 첨부되었다. 청구 내용 전체가 허위였지만, 소송 절차를 밟지 않기 위해 요구된 돈을 지급해 주었다.

그가 고통당하는 자들을 사역할 때 그의 눈에서는 엄청난 양의 눈물이 뺨을 타고 쏟아져 내렸다. 그가 아이들과 노인들에게 사역할 때 어찌 그리 친절할 수 있었을까! 그가 고통받고 고통에 시달리는 이들을 위해 기도할 때 어찌 그리 용감하게 하늘을 향해 선포할 수 있었을까!

스미스 위글스워스가 매일 경험하는 것은 바로 이것이었다.

“나는 긍휼함에 의해 움직인다.”

인종 차별이란 그에게 전혀 알지 못하는 것이었다. 흑인, 백인, 황인 등 모든 사람이 그의 사역을 찾았고, 모든 사람이 그의 기도와 그의 은사로 축복을 받았다. 그는 사역할 때 사회적 차별을 무시했다. 그러한 입장에 주의를 기울여야 한다고 개인적으로 요구하는 자들에게 매우 엄중했다.

한번은 어느 도시에서 집회를 매일 세 번 열어 한 달 동안 열심히 사역했다. 하나님께서 사람들 가운데 역사하셨다. 암이 치료되고, 쇠약한 다리가 힘을 얻으며, 청각 장애인들이 치유되고, 각종 종류의 치유가 일어났으며, 가장 좋은 것은 영혼들이 구원받았다는 사실이다. 어느 날 집회가 열리고 있는 그 교회당을 건축한 두 명의 부목사를 둔 담임목사가 이렇게 말했다.

“이 도시에 아주 아픔을 겪고 있는 한 부인이 있습니다. 만일 그녀가 치유된다면, 사람들에게 미치는 영향이 지대할 것 같습니다. 위글스워스 목사님, 그녀를 한번 방문해 주시겠습니까?”

위글스워스가 대답하기를 매일 집회가 세 번 있고, 병자들을 위해 기도하고 성령세례를 받고자 하는 자들을 돕느라고 너무 바빠 시간 내기가 대단히 힘들다고 했다. 그러나 그 목사는 그 곳에서 그 부인과 남편의 사회적 위치와 그러한 치유가 그들을 아는 모든 사람에게 미칠 수밖에 없는 영향력을 강조하면서 끈질기게 방문을 요청했다.

"글쎄요, 우리가 어떻게 방문 시간을 맞출 수 있을까요?"

마침내 우리는 저녁 집회 가는 길에 방문하기로 했다. 그 부인 가족의 사회적 위치 때문에, 목사님 세 분이 위글스워스와 내 아내 엘리스 와 나 제임스 를 동반해서 그 도시에서 가장 좋은 지역에 있는 그 집으로 갔다.

우리는 문 앞에 차를 세우고 벨을 울리자, 으리으리한 방으로 안내되었다. 우리는 아주 큰 침실로 갔다. 거기에 마치 왕좌에 앉은 군주처럼 화려한 옷을 입은 부인이 무지개의 빛깔로 예쁘게 수놓은 쿠션 더미에 앉아 있었다.

스미스 위글스워스가 서서 그 광경을 바라봤다. 그런 후 그가 말했다.

"음! 확실히 편안해 보이시군요!"

"뭐라고 하셨지요?"라고 그녀가 퉁명스럽게 말했다.

"'매우 편안해 보이신다'고 했어요!"

그녀는 자신이 지칠 때까지 폭풍 같은 욕설을 내뱉었다.

"오, 당신은 아직 나의 기도를 받을 준비가 안 되어 있군요. 좋은 밤 되시기 바랍니다"하고 그가 말하고 난 뒤 그 집에서 나와 대기 중인 차에 올라탔다. 내 아내 엘리스와 나 제임스 도 황급히 따라 나와 차에 올라타서 그 부인에게 조금 가혹한 태도를 보인 것 같다고 조심스럽게 말씀드렸다.

그는 "나는 내가 할 일을 알고 있다"고 말했다.

같이 갔던 목사님 세 분은 그 부인을 진정시키기 위해 잠시 부인의 방에 머물러 있다가 위글스워스에게 가서 그녀를 위해 다시 기도해 달라고 재차 부탁했지만, 그는 단호하게 이렇게 말했다.

"아닙니다. 그녀는 아직 나를 맞이할 준비가 되어 있지 않습니다. 집회에 가십시다."

그 일로 우리 모두는 마음이 매우 불편했다. 하지만 만약 그가 무엇인가를 느꼈다면, 그는 분명히 지금 그것을 보여주었을 것이다. 왜냐하면 그 저녁 집회에서 그의 설교와 병자들을 위한 그의 기도에 하나님의 강력한 기름 부음이 임하는 예배를 그가 진행했기 때문이다.

이튿날 아침 우리는 평소와 같은 시간에 예배를 드렸다. 주의 성령이 우리에게 은혜를 베푸셔서 설교 말미에 "하나님께 더 가까이 가기" 원하는 모든 사람에게 앞으로 나오라고 초청했다.

그가 말했다.

"여러분이 1피트 약 30cm 만 앞으로 나온다면, 축복받을 것입니다. 1야드 약 90cm 앞으로 나온다면, 더 많이 얻을 것입니다. 여러분이 강단으로 올라온다면, 우리가 여러분을 위해 기도해 드리겠습니다. 그러면 하나님의 공급하심으로 여러분의 필요를 채우실 것입니다."

모든 청중이 움직인 가운데 한 위엄있는 부인이 그들을 앞장섰다. 그녀는 먼저 선두에 나서고 싶은 마음에 바닥에 꿇어 엎드렸다.

전날 저녁 우리가 침대에 그대로 두고 나왔던 그 부인이었다. 우리가 그곳을 떠난 후 그녀는 깊이 회개했다. 하나님께서 그녀를 치유하셨고, 이제 그녀는 아침 집회에서 공개적으로 자기 자신의 삶을 하나님께 드렸다. 그녀는 상한 심령으로 수없이 회개했다.

다시금 우리의 판단이 틀렸음을 알게 되었다. 스미스 위글스워스가 한 행동의 정당성을 하나님께서 입증해주셨다.

세 가지 간증

1947년 11월 28일에 있었던 일이다. 나는 로스앤젤레스의 벧엘교회에서 다음의 세 가지 간증을 들었다.

한 사람이 찾아와 이렇게 말했다.

"저는 노르웨이 태생입니다. 약 22년 전에 벧엘교회에서 위글스워스 목사님의 설교를 들었습니다. 그때 저는 폐결핵으로 죽어가고 있었고, 한쪽 폐는 이미 망가졌습니다. 그런데 목사님이 저를 위해 기도한 후에 하나님께서 저를 고치셨고 단기간에 체중이 26파운드 11.7킬로그램 가 늘었습니다. 그 뒤 우리는 미국으로 이사해서 시카고에 살았습니다. 그런데 제 아내가 폐 질환에 걸려 3년 동안 계속 피를 토했습니다. 저는 시카고의 위글스워스 목사님 집회에 아내를 데리고 갔는데 거기서 아내가 기도를 받고 폐 질환에서 해방되었습니다. 그때까지 우리에겐 자녀가 없었는데 아내가 치유받은 직후 의사는 아내가 임신이 된 것을 발견했습니다."

"의사가 이렇게 말했습니다. '커다란 비극입니다. 이건 틀림없이 엄마나 아기의 죽음을 야기할 수 있어요.' 그러나 둘 다 그 시련에서 살아남았습니다. 또 자녀가 두 명 더 태어났고, 아이들과 엄마는 건강하고 튼튼합니다."

예배가 끝난 후 또 다른 부부가 그들의 아들 딸과 함께 우리를 찾아왔다. 그들은 120마일 192킬로미터 이상을 달려왔다고 했다.

그들은 위글스워스 목사님께 편지를 써서 부탁하기를 기도해 준 손수건을 보내달라고 요청했다. 아버지가 급성 맹장염을 앓고 있었고, 아들은 목에 커다란 종양이 있었다. 그들이 목사님이 기도해준 손수건을 아픈 곳에 댔을 때 아버지의 통증이 모두 사라졌고 맹장염에서 치유를 받았다. 그 아들의 목에 있던 혹은 터졌고, 부기가 사라졌다. 그는 그 이후 수년이 지나도록 아팠던 곳에 더 이상 아무 문제도 발생하지 않았다. 그 사람이 말했다.

"우리는 이 간증을 당신의 장인 스미스 위글스워스 에게 알릴 방법이 없었지만 당신에게 말하려고 이 먼 거리를 달려왔습니다. 우리는 목사님의 사역에 대하여 하나님께 감사를 드립니다."

그 때 또 다른 사람이 우리를 찾아와서 말했다.

"저는 영국에서 위글스워스 목사님과 함께 하루 종일 있었고 브래드포드 그의 집에서 식사도 함께 했습니다. 오후에 목사님은 우리 무리를 근처의 공원으로 데려가서 함께 앉아 잠시 이야기를 나눴습니다. 그 짧은 시간에 목사님은 두 사람을 주님께로 인도했고, 다른 두 사람의 몸에 치유 기도를 해주었습니다. 목사님이 너무 바쁜 것 같아서 저와 제 친구는 잠시 산책을 하기로 했지요. 우리가 돌아와 보니 목사님이 또 다른 사람 옆에서 무릎을 꿇고 그를 주 예수께로 인도하고 있었습니다. 목사님은 우리가 그와 함께 있는 동안 내내 기도하고 말씀을 전했으며 다른 사람들을 돕는 일 하나님을 위해 사는 듯 했습니다."

그의 담대한 태도

스미스 위글스워스는 마귀에게 틈을 주지 않았으며, 때로는 외부인들에 대해 너무 거칠고 무례한 것처럼 보였다. 다음의 사건은 마귀에 대한 그의 태도를 말해준다.

어느 날 그가 버스를 기다리고 있을 때 작은 개 한 마리가 그의 곁에 서 있는 한 부인에게 붙어 있었다. 분명히 그녀는 개를 집에 두고 왔다고 생각하고 급히 집에서 나왔다. 어찌된 일인지 그 개는 밖으로 나와서 그녀를 따라다녀 귀찮게 했다. 그녀는 몸을 굽혀 개의 머리를 쓰다듬으며 말했다.

"자, 넌 집으로 들어가. 나는 널 데리고 갈 수 없어."

개는 온몸이 흔들리도록 꼬리를 흔들었지만 집을 향해 가지는 않았다.

"내 귀여운 강아지, 넌 이제 진짜로 집으로 가야 해."

그녀가 다정하게 말했다.

그 무렵 버스가 오고 있는 것이 보였고 마음이 다급해졌다. 그녀는 발을 쾅쾅 구르며 엄하게 말했다.

"당장 집으로 가!"

그 작은 개는 주인의 엄한 태도에 겁을 먹었다. 갑자기 꼬리를 내리더니 있는 힘을 다해 날쌔게 내달렸다.

"마귀를 그렇게 대해야 합니다!"

위글스워스는 버스 기다리는 사람들이 모두 듣도록 큰 소리로 외쳤다.

매사추세츠주, 웨스트 뫅스베리의 제임스 H. 테일러는 워싱턴 D.C.에서 열린 위글스워스의 집회에 대해 이렇게 썼다.

치유를 목도하다

우리는 목사님이 치유 기도를 해 주시는 자리의 두 번째 줄에 앉았습니다. 그래서 치유 시간에 일어났던 일을 거의 눈앞에서 목도할 수 있었습니다. 집회가 시작되기 바로 전에 우리가 보니 목발을 짚은 어린 소녀가 들어오는 것을 보았습니다. 소녀는 한 남자와 여자의 부축을 받았습니다. 소녀는 절대적으로 매달려 있었고 발은 수직으로 늘어져 있었으며, 소녀의 허리는 축 늘어지고 힘 없어 보였습니다.

앞줄에 그를 위한 공간이 만들어졌습니다. 구원 초청을 하자, 소녀는 함께 온 두 사람의 도움을 받아 앞으로 나가려고 애를 썼습니다. 소녀를 보고 위글스워스 목사님이 말했습니다.

"너는 바로 그 자리에 있으렴. 너가 이곳을 떠날 때는 전혀 다른 소녀가 되어 있을 거다."

나머지 사람들을 다 사역한 후에 위글스워스 목사님은 그 소녀에게로 와서 어려움을 듣고 난 후 사람들에게 이렇게 말했습니다.

"이 소녀는 두 다리에 근육이 전혀 없는 상태입니다. 전에 한 번도 걸어본 적이 없었어요."

그는 소녀의 머리에 안수하고 기도한 다음 소리쳤습니다.

"예수 그리스도의 이름으로 걸으라!"

소녀를 쳐다보고 그가 말했습니다.

"두려워 하고 있구나."

"네."

"두려워할 필요가 없단다. 너는 고침을 받았어!"

그러면서 그가 이렇게 외쳤습니다.

"걸어라! 걸어라!"

그러자 소녀는 막 걸음걸이를 배우는 아기처럼 걸었습니다. 하나님을 찬양합니다! 소녀는 어설픈 자세로 긴 강단을 두 번 왔다갔다 걸었습니다!

하나님께 영광 돌립니다! 우리가 그 자리를 떠날 때 소녀의 목발은 의자 위에 놓여 있었고, 그가 다른 사람들처럼 두 발로 서서 그의 친구들과 이야기하는 것을 보았습니다. 지극히 높은 곳에서는 하나님께 영광이요 땅에서도 믿는 자들에게 치유를 주시는 하나님께 영광이라. 아멘!

소녀를 도와 앞으로 부축해 준 여자는 어머니였고, 그 남자는 삼촌이었습니다. 소녀가 치유받는 동안 그들은 아이처럼 흐느껴 울었습니다. 소녀의 삼촌은 저녁 집회에서 소녀가 집에서 아무 도움 없이 계단을 걸어 올라갔다고 간증했습니다. 소녀가 전에는 한 번도 걸어본 적이 없었다는 사실 확인과 자기 가슴에 종양 치유를 위해 앞으로 나갔던 소녀의 어머니에게 이에 대해 물었을 때 그 어머니는 "모든 것이 회복되고 없어졌습니다!" 라고 말했습니다.

저녁 집회에서도 놀라운 일들이 일어났습니다. 한 형제는 2년 된 암에서 치유받은 것을 간증했습니다. 의사들이 포기해버린 어떤 한 불쌍한 병자는 그의 두 다리를 쓸 수 없었는데, 치유받고 그 큰 집회장을 두 바퀴나 돌았습니다!

그 주간 예배를 통해 고침을 받은 사람이 몇 명인지 물으니, 적어도 2백 명이 자리에서 일어났습니다! 내가 무슨 말을 하겠습니까? 다만 하나님을 찬양할 뿐입니다!

3부

헌신

7

더 많이 수고한 삶

바울은 고린도전서 15장에서 이렇게 선언했다.

…내가 모든 사도보다 더 많이 수고하였다… 고전 15:10

그러면서 그는 재빨리 한마디 덧붙여 말했다.

"…수고하였으나 내가 한 것이 아니요 오직 나와 함께 하신 하나님의 은혜로라."

우리 그레이트하트의 삶은 사도 바울의 삶과 마찬가지로 "더 많이 수고한" 삶이었다. 그러나 그는 인정하기를, 자신의 수고는 모두 은혜와 믿음으로 이루어진 것이라 했다.

그에게 있어 '믿음의 태도'란 긴장하거나 노력하는 것도 아니고, 밤낮으로 울부짖는 것도 아니었다. 오직 하나님의 은혜로운 섭리를 붙잡고, 그것을 신뢰하며 안식하는 것 뿐이었다. 그는 하나님께서 그분의 약속을 결코 실패하실 수 없다는 것을 알았다. 하나님께서 "…생명과 경건에 속한 모든 것을 우리에게 주셨다" 벧후 1:3 는 말씀을 믿었기에 그는 더 크고 보배로운 약속을 '산 믿음'으로 붙들었다. 그리고 하나님의 능력이 나타나기를 기대했고, 그의 기대는 그 믿음대로 끊임없이 충족되었다.

다시 한번 우리의 그레이트하트가 그의 해외 사역에 대하여 이야기를 계속 이어가는 것을 들어보자.

인도와 실론에서의 강력한 역사

하나님께서는 여러 가지 방법으로 나를 축복해주셨다. 나는 날 때부터 시각 장애인으로 태어난 사람들의 시력이 회복되는 것을 보았다. 죽었던 세 사람이 다시 살아난 것도 보았다. 내가 목격한 이 모든 일들은 이보다 더 큰 일에 관한 그리스도의 약속이 참됨을 나로 알게 해줄 뿐이다. 우리는 그의 약속으로 인해 하나님께 모든 영광을 돌려야 한다.

인도와 실론 현재의 스리랑카 에서 수고하고 거기서 하나님의 강력한 역사를 본 것은 내 인생의 특권이었다. 부흥의 절정은 콜롬보에서 일어났다고 말할 수 있겠다. 하나님께서 얼마나 축복하셨는지!

내가 성령의 기름 부으심 아래 설교하고 있는데 군중들이 모여들었다. 그들은 숨 막힐 정도로 집회 장소를 꽉 채웠다. 그러나 하나님의 능력은 놀라웠다. 설교 후에는 섭씨 49도까지 올라가는 열기

속에서 우리는 통역을 통해 매일 밤 약 500명의 아픈 사람들을 위해 기도했다. 그렇게 뜨거운 열기 속에서도 여자들은 아기들을 데려왔다. 때로는 집회에 50명 이상의 아기들이 참석하기도 했는데, 집회 분위기가 너무 숨이 막힐 듯해서 아기들이 울곤 했다. 그래서 나는 이렇게 말했다.

"내가 설교하기 전에 아기들에게 먼저 사역하겠습니다."

이 아기들에게 손을 얹자마자 아기들이 그 집회의 고요함과 평안과 질서를 알아차리는 것은 정말 놀라운 일이었다. 하나님의 능력이 그곳에 임했다. 특히 이 큰 무리 가운데 오랫동안 눈을 보지 못했던 한 사람이 고침을 받았다. 그의 두 눈이 즉시 떠졌다. 그와 비슷한 기적들이 많이 일어나는 것을 우리는 목격했다. 하나님께서 어떻게 그의 모든 자녀들에게 영광과 덕을 주실 수 있는지 나는 이해할 수 없지만, 그럼에도 불구하고 하나님께서 그렇게 하신다는 것은 사실이다.

집회에 들어가지 못한 사람들만 수천 명이었다. 내가 그 많은 무리 앞을 통과해 지나갈 때 그들이 내게 손을 뻗쳐 나를 만졌고, 그들도 치유되었다. 나는 그런 일이 일어나는 하나님의 은혜에 놀랐다.

'하나님을 믿는 것'에는 항상 무엇인가가 예비되어 있다. 하나님께서는 수많은 사람들을 기꺼이 넘기고 오직 당신에게만 기름을 붓고자 하는 일도 생긴다. 당신이 어떤 상황에도 하나님을 믿는다면, 하나님은 언제나 특별한 방법으로라도 당신을 만나 주실 것을 나는 믿는다.

나는 한 곳에 4일만 머물 수밖에 없었는데, 그들은 내가 더 오래 머물 수 없다는 것에 실망했다. 내가 그들에게 말했다.

"여러분, 아침 일찍 8시에 집회를 열면 올 수 있습니까?"

"네!"

그들은 그렇게 하겠다고 소리쳤다.

"아기가 낫기를 원하는 모든 엄마들에게 나오라고 전해 주세요. 그리고 70세 이상 된 모든 사람도요."

아침 8시에 400여 명의 엄마들이 아기를 안고 찾아오고, 150여 명의 백발 노인들이 치유받으러 나오는 모습을 당신이 보면 참 좋았을 것이다. 그 당시 하나님의 말씀을 들으려고 나온 사람들이 수천 명이었다. 3,000여 명의 사람들이 한꺼번에 자비를 구하며 부르짖었다. 정말 대단한 광경이었다.

경찰도 어찌할 수 없는 집회

어느 날 나는 아침 9시경, 노르웨이에 도착해서 나의 통역사인 친구에게 말했다.

"내가 도착한 것을 아직 아무도 모르니 피오르 fjords 해안에 내려주세요. 너무 피곤해서 조금 쉬고 오겠습니다."

우리는 햇볕을 쐬며 두어 시간 쉬었다가 돌아왔다. 내가 돌아왔더니 설교하기로 된 건물 주위 거리가 온통 온갖 종류의 차들로 꽉 차 있었는데, 그 차엔 병든 사람들이 가득했다. 나의 통역사 형제는 건물의 계단 꼭대기로 달려가서 말했다.

"어떻게 해야죠? 집회장이 사람들로 만원인데요."

나는 코트를 벗고 거기에 있는 모든 차를 찾아가 사람들을 위해 기도했다. 하나님께서 그들을 고쳐주자 거리에서 큰 함성이 터졌다. 그런 다음 집회장으로 들어갔는데 안에서도 하나님께서 그들을 치유하셨다. 그러나 그것이 전부가 아니었다. 우리가 식사를 하기 위해 자리에 앉았는데, 식사하는 동안에 전화가 왔다.

"어떻게 해야죠? 집회장은 만원이고, 밖에도 수천의 사람들이 있습니다. 경찰이 사람들을 어떻게 할 수가 없어요."

내가 말했다.

"가능한 한 빨리 내려가겠습니다."

경찰 두 사람이 나를 붙들고 무리를 헤쳐나갔다. 내가 집회장 안으로 들어갔을 때 그렇게 사람들이 빽빽이 많이 모인 것은 본 적이 없었다. 주의 성령이 내게 임했다. 그렇게 설교를 시작했는데 그만 설교 주제를 잠시 잊어버렸다. 그러나 내가 주의 열심에 삼킨 바가 된 것을 알았다. 나는 하나님의 메시지를 달라고, 여느 때와 다른 일들이 집회 가운데 일어나도록 하나님께 부르짖었다. 내가 설교하고 있을 때, 하나님의 음성을 들었다.

"만일 네가 나에게 구하면, 내가 네게 모든 영혼을 주겠다"라는 음성이었다. 그리고 설교를 계속했는데, 하나님께서 또다시 말씀하셨다.

“만일 네가 나에게 구하면, 내가 네게 모든 영혼을 주겠다.”

나는 그것이 하나님의 음성인 것을 알았지만 받아들이는 것이 느렸다. 그러자 주의 음성이 다시 임했다.

“만일 네가 나를 믿고 나에게 구하면, 내가 네게 모든 영혼을 주겠다.”

나는 주님을 올려다보며 말했다.

“좋습니다, 주님. 그렇게 해주십시오. 내가 주님께 구합니다. 내게 모든 영혼을 주십시오!”

그러자 성령의 숨결이 그 집회장 전체를 휩쓸었는데, 나는 그와 같은 것을 한 번도 본 적이 없었다. 집회장에 가득찬 그 모든 사람이 하나님께 자비를 구하며 부르짖는 광경을 말이다!

나는 하나님께서 말씀하신 그대로 모든 영혼을 내게 주셨다고 믿는다. 그것이 오순절 성령운동에 대한 나의 개념이다. 오순절 성령운동은 성령이 당신에게 임하신 후에 당신은 능력을 받았다는 것을 믿는 것이다. 믿기를 두려워하지 말라. 하나님께서 그의 크고 보배로운 약속을 통하여 당신을 신의 성품에 참여한 자로 만드시고 계심을 믿으라. 당신 안에서 역사하시는 하나님의 영원한 능력은 세상의 그 무엇도 결코 능가할 수 없는 신령한 영성으로 당신을 이끌어 갈 것이다.

영국 국왕의 감사 편지

스미스 위글스워스는 그의 전 생애를 통틀어 어느 종교단체에도 소속하지 않는 편을 선호했다. 그 이유는 교파를 초월하여 모든 성도를 위한 사랑의 마음 때문이었다. 우리는 여러 도시에서 그와 함께 있었는데 거기서 그는 구세군과 함께 하기 위해 그들을 찾아 아침 7시에 열리는 기도회에 참석하고, 그리고 나서 성공회의 아침 8시 성찬 예배에 자주 참석하곤 했다. 또한 세 차례에 걸쳐 성공회 목사들을 위한 집회를 열었다. 그리고 그들이 원할 경우, 그들의 성직자 복장을 하기도 했다. 그들은 그것을 사역에 꼭 필요한 것으로 여겼기 때문이다.

한번은 한 성공회 목사가 런던에서 천막집회를 열어 그를 초청했다. 그러한 특별한 상황에 그의 성공회 주교는 눈살을 찌푸렸다. 하지만 이 목사의 아들이 위글스워스 목사의 사역을 통해 치유를 받았기 때문에 다른 사람들도 그와 똑같이 도움받기를 원했다. 그런데 우연히도, 국왕 조지 5세[1] King George V(1865-1936)가 아팠을 때 이 성공회 목사의 아내가 위글스워스 목사가 기도해준 손수건을 국왕 조지 5세에게 보냈고, 그것을 보내준 것에 대한 국왕의 감사 편지를 받기도 했다.

영국 하나님의 성회는 언제나 그를 연례 컨퍼런스에 초청했다.

1 국왕 조지 5세: 빅토리아 여왕의 손자이며, 2022년 9월 8일 서거한 엘리자베스 2세 여왕의 할아버지. 담배를 심하게 피워 만성 기관지염으로 오래 고생했음.

그들은 모든 젊은 사람들이 위글스워스의 영감 있는 사역의 유익을 받기를 원했다. 그러나 그는 집회가 아닌 그런 비지니스 회의에는 참석하려 하지 않았고, 초청에 늘 이렇게 답했다.

“여러분이 진행하시기 바랍니다. 나는 여러분을 위해 기도하겠습니다.”

그는 그렇게 물러서서 기도에 전념하곤 했다.

후원도, 예고도 없이 집회를 해도

위글스워스는 교단에 속해 있지 않았기 때문에 그의 사역에는 인간적 도움 또는 후원이 전혀 없었다. 그는 자신의 사역을 통해 얻었던 명성있는 곳 외에도 추천이나 지원도 없는 곳에 많이 찾아가 사역했다.

특히 1차 세계 대전 이후 그가 방문한 유럽의 여러 나라에서 그랬다. 한번은 그가 스위스에 후원도, 예고도 없이 도착했다. 그러나 하나님께서 전능하신 능력으로 그와 함께 하셨다. 도시들이 하나님을 향해 나아갔고, 스위스에 다시 와 달라는 초청을 끊임없이 받았다. 그는 그곳에서 축복된 집회를 많이 가졌다.

그가 뉴질랜드에 도착했을 때의 일이다. 그를 만날 사람은 단 한 명뿐이었다. 그러나 그의 몇 달 간의 사역을 통해 수천 명의 사람들이 하나님 앞에 나와 구원받고, 치유받고, 성령 충만을 받았다. 이는 북섬에서 가장 위대한 영적 방문으로 1세기 이상 동안 알려지고 회자되었다. 그의 사역의 결과로 웰링턴의 한 주일 오전 집회에서 약 이천 명이 "성찬의 떡을 떼기" 위해 자리에 앉았다.

실론 현재의 스리랑카 의 콜롬보에서도 동일했다. 그가 배에서 내릴 때 그를 맞아주는 사람은 한 명도 없었다. 그가 도착했다는 사실을 아무도 알지 못했다. 그러나 그가 그곳에 도착한 지 며칠도 안 되어 온 지역이 하나님의 능력으로 술렁거렸다. 사람들이 그를 만지기 위해 몰려들었고, 그의 그림자를 밟은 수많은 사람들이 치유되고, 축복을 받았다.

그의 명성은 보통 그보다 앞서 퍼져 나갔는데, 한번은 그의 배가 태평양제도 중 한 곳에 도착했을 때 그는 그 배가 떠날 때까지 설교하고 그곳의 병자들을 위해 기도하느라 정신없이 바빴다. 그는 곤궁한 사람들을 돕고자 하는 그의 열성에 지칠 줄 몰랐다.

그가 처음으로 팔레스타인에 도착했을 때도 그는 완전히 낯선 이방인이었다. 그러나 오래지 않아 그는 복음을 전하고 병자들을 위해 기도하고 있었다. 감람산에서 그는 몇 번의 축복된 예배를 드렸으며, 오순절 날과 같이 많은 수가 성령의 충만함을 받았다. 그의 설교를 듣기 위해 모인 사람들에게 설교를 마치기 위해 예루살렘에서 하이파까지 가는 열차의 출발이 지연될 정도로 그 지역을 굉장하게 각성시켰다.

그는 이집트로 가는 동안에도 내내 영향력 있는 불신자 몇 사람과 앉아 진지한 토론을 했다. 그들은 알렉산드리아에 도착하자마자 그를 점심 식사에 초대하여 하나님께 속한 것들에 관해 대화를 계속했다. 이번 성지 방문에 대해 위글스워스는 그곳 유대인들로부터 헌금을 받은 최초의 이방인 설교자라고 생각한다고 웃으며 말했다.

하나님은 종종 기차로 이동 중일 때도 그를 사용하셨다. 기차 여행에서 경험한 이야기를 그가 우리에게 들려주었다.

"한번은 내가 남웨일스의 카디프 Cardiff 로 가고 있었습니다. 나는 이동 중에 기도를 많이 했습니다. 내가 알기로, 객차에는 구원 받지 못한 사람들로 가득했지만 그들이 이야기하고 농담의 말을 하고 있으니 주님을 소개하는 말을 꺼낼 수가 없었습니다. 기차가 역에 가까이 이르자 나는 손을 씻어야겠다고 생각했습니다. 그래야 곧장 집회장으로 갈 준비가 되어야 했으니까요. 내가 손을 씻으러 나갔다가 다시 내 자리로 돌아올 때 한 남자가 뛰어와서 말했습니다.

"선생님, 선생님이 나로 죄를 깨닫게 하시네요."

그런 후 바로 그 자리에서 무릎을 꿇는 것이었습니다. 곧 객차 안의 사람들 전체가 똑같이 울부짖으며 말했습니다.

"당신은 누구시요? 누구십니까? 당신이 우리로 하여금 죄를 깨닫게 합니다."

그것은 하나님께서 나에게 주신 절호의 기회였고, 나는 그 기회를 최대한 활용했습니다. 그 객차 안에서 수많은 영혼이 거듭나 하나님 나라에 들어왔습니다."

호주로 가는 배에서 전도하다

호주로 가는 도중에 그가 자신의 일기에 이렇게 썼다.

"나는 배의 승객들 가운데서 조용히 사역하며 하나님의 능력을 증거하기 시작했는데 하나님께서 역사하기 시작했다. 복음을 들은 한 사람이 다른 사람에게 나를 소개해주어 그 방으로 들어갔다. 매우 부자인 한 신사와 한 부인이 일등 선실에 있었고, 그들의 하인 부부는 이등 선실을 타고 있었다. 봄베이 Bombay 의 주교가 인도하는 아침과 저녁 예배를 드렸는데 아주 은혜로웠다. 아침 예배 후에 주교와 나는 긴 대화를 나눴고, 그분은 내 사역에 관심이 컸다."

"저녁 예배가 끝난 후 부자집 하인과 그 아내가 나를 찾았다. 그 부자 부인이 매우 아팠기 때문이다. 그들이 의사를 불렀는데 부인의 병이 중하다고 했고, 그 하인이 부인에게 나에 대해 말했더니 그녀가 만남을 요청한 것이다. 가보니 그녀는 실제로 매우 아픈 상태였고, 또한 크리스천 사이언스[2] Christian Science 의 원리로 가득 차 있었는데 이것이 더이상 그녀에게 도움이 되지 않는 것을 알고 그녀는 큰 두려움에 휩싸였다. 그래서 나는 그녀에게 내가 아는 유일한 원리, 그 원리는 예수님이라는 것을 말했다. 그러나 그녀는 예수에 대해 아는 것이 전혀 없었다. 나는 그녀와 함께 기도하고, 그녀에게 안수하고, 예수의 이름으로 악한 영을 꾸짖었더니 즉시 열병이 떠나갔

2 크리스천 사이언스: 1879년 메리 베이커 에디에 의해 보스턴에 설립된 신사상운동 계열의 신흥종교. 에디가 쓴 '과학과 건강'을 경전으로 사용함.

다. 그다음 날 아침에 그녀는 하나님의 말씀을 통해 구원을 구했다. 그녀는 지금 생명으로 충만하여 데크에 나와 있다. 그리고 나는 그 하인과 그의 아내의 구원에 대해서도 그들을 전도하는 즐거움을 누렸다."

제임스 솔터의 증언

그가 처음으로 호주로 떠날 때 수천의 사람들이 탄 거대한 여객선의 저멀리 갑판에서 그가 얼마나 고독한 모습으로 보였는지 모른다! 곧 배가 부두를 떠나자, 그는 여태 들어본 적이 없는 맑고 우렁찬 큰 소리로 '할렐루야'를 반복해서 외쳤다. 그가 옆에 있던 승객들을 놀라게 한 것을 보고 선장이 말했다.

"저분은 강철 같은 폐를 가졌네요!"

그가 콘서트에 참가해 달라는 부탁을 받은 것은 바로 이 배에서였다. 그는 프로그램의 마지막 순서에 넣어달라고 요청했다. 피아니스트에게 그가 찬송가를 건네주자 반주할 수 없다고 했다. 하지만 그것은 문제가 되지 않았다. 그는 독창으로 그리스도를 높이는 찬송을 불렀다. 그 콘서트는 영혼을 구원하는 기도회로 바뀌었고, 콘서트 뒤에 예정되어 있던 댄스는 취소되었다.

한번은 그가 생소하고 매우 어려운 지역에서 하나님을 위한 사역을 시작하는 한 젊은이를 돕겠다고 약속을 했다. 그는 태평양 연안에서 사역하고 있었는데 우리 솔터 부부가 그곳에서 그를 돕고 있었다. 위글스워스는 대서양 연안에 사는 이 젊은이에게 자신의 도움이 필요하다는 소식을 들었다. 그는 이 젊은 목사에 대한 그의 약속을 이행하기 위해 대서양 연안으로 갈 철도 요금과 풀만 숙박 침대 설비가 있는 특별기차 대금으로 약 500달러 지급하는 것을 개의치 않았다. 오후에 첫 예배가 시작되었을 때, 5,000명을 수용할 수 있는 대강당에 단 여섯 명이 자신의 일행을 제외한 숫자 참석했다. 그다지 신이 나는 출발은 아니었지만, 집회가 끝나기 전에 청중은 그 거대한 장소를 가득 채웠고 그 젊은 사역자는 새로운 교회를 시작할 기회를 얻었다.

그의 열성은 눈에 고름이 가득한 아이들 주위를 맴도는 파리떼가 가득했던 열대의 더위속에서도 그를 지탱해주었고, 열대병으로 고통받는 사람들의 진동하는 악취 속에서도 그를 지탱해주었다. 극심한 피로 때문에 통역자가 줄줄이 떨어져 나갔지만, 그는 얼음에 뒤덮여 추운 노르웨이나 핀란드에서도 마찬가지로 병자들을 위해 열성적으로 설교하고 기도했다.

그는 자주 사람들로부터 이런 말을 들었다.

"이 도시에서는 하루에 세 번 집회하기가 어렵습니다. 사람들이 나오지 않을 것입니다. 설령 나온다고 해도 그것은 설교자에게 너무 많은 일이지요."

그러나 그는 하루에 세 번씩 집회를 열었고, 사람들은 그의 설교를 듣기 위해 모였다. 그는 한 번에 한 달 동안 그러한 불가능을 극복하여 집회를 열곤 했다. 심지어 가장 큰 천막집회에서나 가장 어려운 상황에서도 그는 매주 활력을 유지했다. 그는 주님의 "멍에는 쉽고 그의 짐은 가볍다"라는 말씀을 입증했다. 그리고 하나님의 뜻을 행하기를 기뻐했다. 그의 양식은 하나님께서 그에게 맡기셨다고 믿는 그 일을 행하고 그의 사명을 완수하는 것이었다. 주님의 기쁨이 그의 생애 평생토록 그를 지탱해 주었다.

그는 다른 어떤 날보다 주일에 더 많은 사역을 했다. 여러 해 동안 그는 토요일 밤 늦도록 야외 전도 예배를 드리며, 야외 전도 예배를 위한 기도회도 계속 함께하면서 또한 그는 주일 아침에 일찍 일어나 주일 새벽기도회를 준비하곤 했다. 겨울철이면 그는 건물 난방을 미리 켜놓고, 좌석의 먼지를 털어내며, 좌석에 앉을 한 사람 한사람을 위해 기도하고, 성찬식을 위해 테이블을 준비하고, 새벽기도회를 인도하곤 했다.

초기에는 위글스워스의 아내가 대부분의 설교를 담당하는 일뿐만 아니라 그들의 집을 가득 채웠던 많은 사람을 접대하는 일도 담당했다. 주일 밤 예배는 항상 궁핍한 영혼과 사람들이 강단 앞으로 나왔으며, 위글스워스 부부는 보통 아주 늦은 밤이 되어서야 귀가했다. 그 후 자정이 훨씬 넘을 때까지 집 안의 잘 차려진 식탁에 둘러앉아 교제가 계속되곤 했다.

크리스천 사역자들에게 미친 영향

우리의 그레이트하트와 그의 아내는 모범적인 '영적 부모'였다. 회심자를 낳는 것뿐만 아니라 그들을 하나님 말씀으로 먹이고 양육하는 일과 각 사람이 하나님의 모든 뜻 안에서 온전히 설 수 있도록 기도의 수고를 하는 일에도 매진하였다. 그가 하나님을 위해 사역을 시작하면서 가르친 그들의 '실천적 기독교 교훈'과 '거룩한 생활'과 '경건함'의 조합은 수많은 젊은이들에게 삶에 자극과 주된 동기가 되었다. 전 세계의 크리스천 사역자들은 위글스워스 부부의 삶이 그들에게 준 영감으로 인해 하나님을 찬양하며 감사한다.

제임스 솔터는 이렇게 말했다.

그는 평생 지칠 줄 모르고 불요불굴했지만, 우리가 어떤 변화를 감지하고, 그가 나이를 언급한 것은 단지 그가 죽기 얼마 전이었다.

그가 유난히도 열심히 심지어 그에게도 이례적으로 힘들게 사역했던 어떤 집회가 끝나고 집에 도착했다. 우리가 철도 역에서 그를 만났을 때 그의 피곤한 표정을 볼 수 있었다. 그날 저녁 기도 시간에 그가 말했다.

"요즘 젊은 목사들 중 몇몇을 이해할 수 없네. 내 또래의 사역자는 하루에 세 번씩 설교하고 예배 때마다 병자들을 위해 기도하는데, 그들 중 일부는 오후엔 쉬고 낮잠을 자러 가. 나에겐 설교하도록 놔두고 말이야. 내가 그들의 나이 땐, 하루 종일 설교하곤 했지. 그리고 나서 성령 충만을 구하는 사람들과 밤새도록 기도하곤 했어."

그의 말대로 그는 밤낮으로 수고하여 사역했고, 해가 질 때까지 사역했다.

8

호주와 뉴질랜드에서의 기적

위글스워스가 호주를 처음으로 방문한 것은 1922년 초였다.

빅토리아 출신의 위니 앤드루스 Winnie Andrews 자매가 쓴 편지 영국 신문 컨피던스에 실림 에서 인용한다.

호주에서의 첫 치유집회

우리의 사랑하는 위글스워스 목사님께서 지난 목요일 멜버른에 도착했고, 그날 밤 집회를 열었습니다 … 비록 그가 자기는 일만 명이 육체의 질병에서 고침을 받는 것보다 불신 죄인 한 명이 구원받는 것을 더 원한다는 것을 청중에게 명백히 설명하셨지만, 질병으로 고통 중에 있는 사람은 누구든지 기도 받으러 앞으로 나오라고 초청하셨습니다 … 앞으로 나온 사람들 중에 놀랍고 즉각적인 치유를 받았다고 선언한 사람들이 여럿 있었습니다다. 여섯 살 난 한 어린 소녀는 기도를 받고 엄마와 함께 건물 정문 밖으로 걸어나가는 모습이 보였습니다다. 소녀의 어머니는 기뻐서 모두에게 외쳤습니다다.

"이 아이를 보세요! 우리 딸은 평생 한 번도 걸어본 적이 없었어요!"

또 류마티스 관절염으로 4년 넘게 걷지 못했던 한 남성도 즉시 치유받았습니다. 그는 그의 지팡이와 목발을 의기양양하게 강단에 올려놓은 후 펄쩍펄쩍 뛰며 하나님을 찬양함으로써 그의 두 다리에 힘이 들어온 것을 즉석에서 보여주었습니다.

그밖에도 첫날 밤 이후로 다른 많은 놀라운 치유가 일어났습니다. 간밤에 6년 반 동안 걸을 수 없었던 한 여성이 기도를 받으러 나왔는데, 의자에서 일어나 걸었습니다. 하나님께 영광을 돌립니다! 그녀가 걷는 동안 그녀의 남편이 의자를 치워 버렸습니다. 회심도 많이 일어났습니다. 한 집회에서만 40명이 예수님을 그들의 주와 구주로 영접했습니다. 부흥의 소나기가 내리고 있으며 하나님께서 일하고 계십니다.

다음과 같은 매우 합리적인 질문을 던질 사람도 있을 것이다.

"치유받은 것은 지속되었나요?"

우리의 그레이트하트가 호주를 방문한 지 15개월 후에 만들어진 치유 간증집이 우리 앞에 놓여 있다. 이 안에는 첫 번째 호주 부흥 집회에서 괄목할 만한 치유 간증 18편이 담겨 있다. 우리는 또한

1927년 2월 1일자「호주 전도」신문 1부를 가지고 있는데, 거기에는 5년 전에 열린 이 부흥 집회에서 치유받은 열세 사람의 간증이 실려 있다. 또 1927년 3월 1일자「호주 전도」신문에는 5년 전에 죽은 상태에서 살아난 사람의 이야기도 실려 있다. 이 간증이 너무도 주목할 만하기에 우리는 이 간증이 질문에 대한 충분한 답이 된다고 생각한다. 이 간증은 빅토리아 출신의 W. E. 브릭힐 결혼 전 성은 캐슬린 게이 부인이 쓴 것이다.

주목할 만한 치유 간증

열일곱 살의 나이에 나는 세상과 죄악의 생활을 하다가 주 예수 그리스도를 나의 개인의 구주로 영접하여 진정으로 거듭났습니다. 매일 아침 나는 사망에서 생명으로, 죄와 사탄의 권세에서 하나님의 자녀의 영광의 자유에 이르렀다는 의식을 가지고 잠에서 깨어나 기적의 아침을 맞이했습니다.

그렇게 주님을 위해 변함없는 봉사를 한 지 16개월이 되었을 때 불행한 사고가 발생했습니다. 나의 복부가 심각한 손상을 입었고, 내부 합병증을 일으켜 네 명의 외과 의사와 상담을 했는데, 수술이 절대 필요하다는 결론이 나왔습니다. 하지만 수술은 바라던 결과를 가져오지 못했고, 슬프게도 수술 이후 거의 14년간 계속되는 고통을 겪어야 했으며 대부분의 시간을 침대에 누워 있어야 했습니다.

후에 폐결핵이 발견되어 잔혹하고 파괴적으로 나의 모든 존재를 사로잡았습니다. 이 끔찍한 질병은 나의 체질을 파괴시켜 밤낮으로 잠을 이루지 못하게 했고 불면증에 시달렸습니다. 나는 약을 복용해야만 쉴 수 있었습니다. 결국 나의 상태는 혼수상태를 초래하는 것 말고는 약이 아무런 효과가 없는 상태까지 이르렀습니다.

나의 장기를 잠식하고 식욕을 완전히 망가뜨리는 결과를 보아 폐결핵 증상이 분명했습니다. 소화기관의 상태가 좋지 않았기 때문에 거의 모든 음식을 먹을 수가 없었고, 한 숟가락이라도 먹게 되면 언제나 즉시 토해냈습니다. 때로는 물 마시는 것조차도 불가능했습니다.

많은 일류 전문의들과 외과 의사, 내과 의사들이 처방을 했지만, 효과가 없었습니다. 사실 그들은 나의 죽음이 매우 가까이 왔고 병원에서는 더 이상 해줄 게 없다는 말을 여러 번 하기까지 했습니다.

이 질병의 치명적인 증상은 나의 신장에 생긴 큰 천공으로 나타났고, 출혈이 매우 잦았습니다. 다른 외부적 증상은 내 왼쪽 팔과 허벅지, 엉덩이에 나타났는데, 그 모든 것은 이 병과 관련되어 발생하는 염증이었습니다. 염증은 심한 상태가 되어 뼈가 잠식되고, 보기 싫을 정도로 역겨웠으며, 의심할 바 없이 더 이상 모든 인간적 도움을 받을 수 없는 상태에 이르렀습니다. 거의 피골이 상접한 데다, 체중은 42파운드 19킬로그램 에 불과하며, 의사들로부터 6주 시한부 선고를 받았습니다. 나는 죽음이 이 모든 고통을 면하게 해줄 것이라는 생각에 내 운명이 두렵지 않았습니다.

1922년 2월 초, 이렇게 죽어가는 상태로 누워 있을 때, 영국 출신의 한 전도자가 우리 멜버른에서 집회를 열어 예수 그리스도의 복음과 병든 자들을 고치는 예수의 능력을 전하고 있다는 소식이 나에게 전해져 한 줄기 빛이 내 영혼에 들어왔습니다. 병든 자를 고치는 능력이 있는 전도자 이름이 스미스 위글스워스인데, 그가 병자들을 위해 기도해 준다고 했습니다. 그 소식을 듣자마자 나는 하나님에 대한 믿음이 생기기 시작했습니다. 그래서 그가 우리 집에 와서 나를 위해 기도해주면 좋겠다는 소원을 전달했습니다. 그러나 그 전도자를 원하는 요청이 너무 많아 우리 집까지 방문해 기도해 주는 것은 불가능하다는 소식을 들었습니다. 그러자 원수 마귀가 나를 곧 낙담시켰지만, 감사하게도 더욱 믿음이 생겨 승리를 간절히 갈망하는 마음을 주셨습니다. 부모님께 집회에 참석하는 것을 허락해 달라고 여러 번 간청했고, 그들은 마지못해 동의했습니다.

그러던 2월 16일, 나의 상태가 끔찍해져 최후의 수단으로서 나는 부축을 받아 한 주일 집회에 참석했습니다. 집회가 진행됨에 따라 나의 믿음이 강해지기 시작했고, 나는 진정으로 하나님이 가까이 계심을 깨달았습니다. 참으로 거룩하고 은혜로운 시간이었습니다. 마침내 그 전도자가 나를 향하더니 폐결핵 환자인 것을 확인하고 진심으로 말했습니다.

"자매님, 주님께서 당신을 낫게 하실 줄 믿습니다. 두려워하지 마시고 믿기만 하세요."

나의 눈에는 예수 외엔 아무도 보이지 않았습니다. 나는 하나님의 전능하신 손길을 기다렸습니다. 기름을 바르고 기도를 받은 후에 하나님의 능력이 나의 온몸에 스며들었고 나는 즉시 치유되었습니다. 모든 통증, 연약한 것, 질병이 그쳤습니다. 할렐루야! 나의 쇠사슬이 끊어졌습니다. 내 영혼이 자유로워졌고, 나는 일어나서 하나님을 찬양하며 나갔고, 놀라운 일이 내게 이루어졌음을 깨달았습니다.

주님께서 나를 만나주신 직후, 나의 첫 소원은 빨리 집으로 가서 얼마나 놀라운 일들이 내 안에서 이루어졌는지 말하는 것이었습니다. 집으로 돌아가는 중에도 나는 도움 받지 않고 혼자 걸음으로써 치유된 사실을 증명했습니다. 집에 도착하자, 나는 식욕이 왕성해졌는데, 여러 해 동안 전례가 없는 일이었습니다. 우리 집은 내가 음식 섭취로 인해 몸에 탈이 나지 않을까 두려워하며 나에 대한 걱정으로 가득 찼습니다. 하지만 그들이 놀랄 정도로, 나는 만족스럽게 푸짐한 식사를 즐겼습니다.

식사 후에, 도움을 받아 내 몸의 환부에서 붕대를 제거하였습니다. 알고 보니 주님께서 썩은 뼈와 궤양성 살을 새것으로 바꾸어놓으셨는데, 어린아이의 피부처럼 새롭고 아름답고 건강한 살과 뼈였습니다. 나의 모든 감각이 되살아났으며, 그날 밤 나는 내가 병든 이래 처음으로 약의 도움 없이 잠들며, 아름다운 밤의 평화와 안식을 누릴 수 있었습니다.

주님의 손이 명백히 내게 임한 지 이제 5년이 되었는데, 주님께서 지속적인 임재하심으로 나를 덮어주시고, 그의 성령으로 나를 충만케 하셨습니다. 주님께서는 나를 치유하신 후 얼마 안 있어 내게 사명을 주셨습니다. 그의 놀라운 은혜를 통해 많은 영혼들을 주님께로 돌아오게 하는 우리 도시의 빈민가에 수간호사로 사역하게 해주셨습니다. 이 사역에 나와 함께하도록 주님께서 3년 전에 놀라운 방법으로 저에게 주신 남편도 있습니다.

내가 간절히 바라는 것은 치유하시는 하나님의 능력을 증언하는 나의 입술을 통해 의심하는 영혼들이 하나님을 믿고, 하나님이 그의 말씀 '믿는 자에게는 능히 하지 못할 일이 없느니라' 막 9:23 는 말씀과, '예수 그리스도는 어제나 오늘이나 영원토록 동일하시니라' 히 13:8 에 신실하시다는 것을 발견하도록 돕는 데 사용되길 원합니다.

우리는 그 당시 위글스워스 전도부흥집회에 관해 멜버른의 크리스천 사역자 W. 뷰캐넌으로부터 편지를 받았다.

"우리는 멜버른 집회에서 영광스러운 승리의 3주를 보냈습니다. 일천 명 이상이 주 예수 그리스도께로 돌아왔고, 수많은 사람들이 치유를 받았습니다. 사실, 치유받은 사람들의 간증은 아직도 계속 들어오고 있습니다."

호주의 여러 지역에서 놀라운 축복이 있고 난 후에, 우리의 그레이트하트는 뉴질랜드로 이동했다. 다음은 뉴질랜드 웰링턴 복음주의 선교회 회장인 E. E. 페닝턴 Pennington 으로부터 받은 편지이다.

뉴질랜드에서의 놀라운 사역

1922년 6월, 스미스 위글스워스가 우리 중 누구에게도 알리지 않은 채 웰링턴에 왔다. 그의 도착을 알리는 성대한 트럼펫 연주도 없었다. 지역신문의 몇몇 조그만 광고에 그의 집회 소식이 실렸다. 주일 저녁 그의 첫 집회에 일천 명가량 참석했다.

이튿날 밤에 이 숫자는 500명에서 600명 정도가 더 증가했다. 그때부터는 군중을 수용할 수가 없었다. 3,000석의 대형 집회장을 구했고, 집회장은 매일 저녁 사람들로 가득 찼다. 어떤 경우에는 위글스워스와 그의 메시지를 듣는 기회를 놓치지 않기 위해 집회 시작 전 몇 시간 동안 사람들이 문 앞에서 기다리기도 했다.

비록 그가 토레이 Torrey, 채프먼 Chapman 및 그들의 뉴질랜드 전도 부흥 운동에 참여한 기타 사람들 같은 놀라운 전도자들과 관련이 있긴 했지만, 이 성령 충만한 사람이 하나님의 말씀을 전한 후에 뒤따르는 장면을 나는 여태까지 본 적이 없었다. 매번 불신자들에게 예수 그리스도를 믿기로 결단하라는 호소를 할 때마다 반응은 즉각적이었고 엄청났다. 때로는 한 집회에서 400명에서 500명에 이르는 많은 사람이 결단을 하였다. 웰링턴의 집회 기간 중에는 2,000명이 넘는 사람들이 위대한 결단을 했고, 어떤 경우에는 가족 전체가 하나님의 나라에 들어왔다.

일부 신문의 보도는 스미스 위글스워스에 대해 그다지 우호적이지 않았다. 그러나 한 신문에 특별한 기사가 실렸다. 그 기사는 이렇게 시작한다.

당신은 믿음 치유를 믿는가?

당신은 믿음으로 치유받는 일이 있다고 믿는가? 물론 당신은 믿지 않을 것이다. 즉, 당신이 한 번도 본 적이 없는 것을 믿지 않는다는 것이다. 그러나 어쩌면 당신도 나처럼 직접 그 광경을 봤다면 당황했을 것이다. 다시 말하자면, 어쩌면 여러분은 보고 나서 당황하는 대신 오히려 회심했을 것이다.

최근 웰링턴에서 많은 사람이 회심했다. 일부는 열린 마음으로 참석했다. 일부는 그렇지 않고 조롱하기 위해 갔는데 결국 그들은 남아서 기도했다.

여러분이 믿든 믿지 않든, 믿음 치유라는 주제는 흥미진진한 주제이다. 타운홀에서 스미스 위글스워스의 설교를 듣고 보기 위해 모였던 수천 명의 사람을 만나보라. 이렇게 증명된 관심은 내가 이 주제에 대해 좀 더 자세히 취재할 수 있는 힘이 되었다.

내 앞에는 많은 진술서가 있다. 그것은 최근 이곳을 방문한 스미스 위글스워스 목사 앞에서 치유를 받기 위해 제출한 웰링턴 시민들의 것이다. 이 진술서는 진짜이다. 이것은 치안판사 C. A. 베이커 Baker 앞에서 진실을 선서한 것이며, 이것은 자명하다 … 명단의 이름은 생략했지만 원본의 진위를 보증하기 위한 세밀한 조사를 위해 자치령 사무실에 보관되었다.

그다음 다섯 개의 진술서가 뒤따른다. 첫 번째는 만성 위염과 엉덩이 아래로 두 다리가 완전히 마비되어 목발로만 다닐 수 있는 한 낙농업자의 진술서다. 그 전도자가 그에게 기름을 바른 후에 그의 목발을 달라고 하자 그는 목발을 그에게 주고 집으로 걸어갔다. 그는 말하길 14년 동안 그의 목 뒤에 낭종이 있었고 의사에게 그것을 제거해달라고 종종 말했었다는 것이다. 그것은 보통 달걀정도의 크기였는데 그가 치유받은 다음 날 아침, 잠에서 깨어났을 때 그 낭종도 완전히 사라진 것을 발견했다.

이들 간증 중 하나는 이제 막 20세 된 소녀로부터 온 것이다. 소녀는 유아 때부터 척추가 이중으로 만곡되어 그 통증에 시달렸다. 소녀는 4살 때까지 걷지를 못했고, 두 손으로 몸을 일으키지 않고서는 결코 바닥에서 일어날 수 없었다. 한쪽 다리는 다른 쪽보다 3인치 7.5센티미터 가 짧고 둘레도 다른 쪽보다 3인치 7.5센티미터 작아서 다리를 쓸 수가 없었다. 소녀는 부모를 설득해서 자기를 집회장에 데려가 달라고 했다. 그곳에서 전도자가 소녀의 머리와 척추에 안수했는데, 즉시 나아버렸다. 소녀는 이렇게 간증했다.

"나의 척추가 곧게 펴졌고 며칠 후에 나의 다리도 길어졌어요. 나의 아픈 고관절도 건강해졌습니다. 치유받은 그다음 주일에 나는 집회에 다시 참석하고 싶은 마음이 너무 컸는데, 기차가 없었기 때문에 은갈로 Ngalo 에서 집회장까지 내내 걸어갔다가 다시 돌아왔는데 전혀 아무런 부작용도 없었습니다."

유사한 성격의 다른 진술서들이 여럿 있지만, 그것들을 싣기에는 지면이 부족하다. 자, 이제 당신은 이에 대해 어떻게 생각하는가? 당신은 믿음 치유를 믿는가? 아니면 아직도 여전히 회의론자의 무리에 있는가?"

1927년에 우리의 그레이트하트는 다시 호주와 뉴질랜드를 방문했다. 이번에는 그의 딸 앨리스가 그와 동행했다. 그는 아주 많은 도시에서 열매가 풍성한 전도 집회를 열었다. 말씀이 따르는 표적으로 확증되었다.

다음의 두 주목할 만한 이야기는 그 자체로 이를 말해준다. 두 이야기 모두 1927년 4월 1일자 「호주 전도」 신문에 실렸다. 뉴사우스 웨일스주 나렘번 Naremburn 의 간호사 H. 토드 Todd 는 다음과 같이 간증했다.

간호사의 치유 간증

시드니 Sydney 에서 간호사로서 일하는 동안 나는 큰 사고를 당해 무릎 슬개골이 골절되고 내연골을 교체해서 그 결과 활막염과 만성 관절염을 앓게 되었습니다. 나는 시드니와 오렌지 Orange 두 곳에서 영구적으로 교체하지 않아도 되는 최고의 의학 기술로 수술을 받았습니다. 나는 잠시 깨어 있다가 다시 잠자리에 드는 상태가 18개월 동안 계속되었습니다.

불행하게도 14개월쯤 지나 반대쪽 다리 근육의 섬유가 파열되어 6주 동안 누워 있어야 했고, 때로는 통증이 대단히 심했습니다. 나는 내 직업에 다시 종사할 수 있다는 희망도 품을 수 없는 중증의 환자였습니다. 사고가 없었다면 완벽하게 건강한 모습이었을텐데, 이제 나를 돌보고 지켜줄 다른 사람을 의지해야만 하는 불구의 두 다리를 가지고는 미래를 내다보기가 어려웠습니다.

내가 얼마나 눈이 멀었는지, 나는 성경적 치유의 가르침을 믿고, 그것에 귀를 기울이는 사람들 가운데 쭉 살아왔지만, 오렌지에서 환자로 전락한 이후 다르게 생각하기 시작했습니다. 진실로 성경은 과거의 놀라운 일들에 대해 이야기하지만, 나에게 그런 시대는 지나갔고 이제는 상황이 달라졌다고 생각했어요.

그 즈음에 전도자 스미스 위글스워스에 대한 놀라운 이야기가 돌았지만, 나는 관심이 없었습니다. 그 전도자가 딱 5일만 하는 그의 집회를 시작한 후에, 나의 오빠가 다른 사람들과 함께 신유에 관한 성경의 가르침이 실제로 있다는 사실에 대해 내게 아주 설득력 있게 말했습니다. 그때까지는 내가 그것에 부정적이었지만, 그 얘기를 듣자 나는 다시 나의 성경을 펴고 탕자처럼 내 자신을 완전히 내려놓고 "내가 일어나 내 아버지께로 가겠다"라고 말하게 되었습니다.

사랑하는 주님을 찬양할 수밖에 없습니다. 주님께서 얼마나 많은 축복을 나에게 주시려고 기다리고 계셨는지! 나는 여러 해 동안 신앙생활을 했었지만 내가 주의 음성을 듣고 그분이 내 눈에 기름을 발라주기 전에 내가 영적인 잠에서 깨어나야만 했습니다. 나는 성경을 읽다가 요한복음 9장 25절 말씀에 붙잡혔습니다.

"한 가지 아는 것은 내가 맹인으로 있다가 지금 보는 그것이니이다."

이 말씀이 금요일과 토요일 내내 마음에서 맴돌았습니다. 또한 말라기 3장 6절 말씀도 그랬습니다.

"나 여호와는 변하지 아니하나니."

이런 성경 말씀이 아주 끈질기게 떠올랐으므로 나는 그날 밤 집회에 기도하러 가기로 결심했습니다.

한쪽 다리에는 무릎 관절이 잠기거나 끼이는 것을 방지하기 위해 강철과 가죽으로 된 장치가 있었는데 이로 인해 극심한 통증이 발생했고, 다른 쪽 다리에는 붕대가 단단히 감겨 있었습니다. 나는 목발의 도움을 받아 집회에 참석하기 위해 차에 올랐습니다. 고통이 심했지만, 나는 치유받을 것을 믿었습니다.

설교가 끝난 후 나는 사역 받을 사람들과 함께 치유의 자리에 합류했습니다. 그 전도자가 내게 안수하고 기도했을 때 이상한 일이 일어났습니다. 나의 두 다리 위에 엄청난 힘의 차가운 냉수가 마치 제트기처럼 분사되는 것처럼, 이상하면서도 아름다운 경험이었습니다. 그 힘이 너무 강해서 아프기까지 했는데 나는 그것이 주님이심을 알았습니다. 하지만 집회가 끝나고 돌아가려고 할 때 별반 나아졌다는 느낌이 없어서 두세 사람에게 실망감을 표했습니다.

그러면서 집으로 가는 내내 나는 펑펑 울었습니다. 하나님께 내 마음을 토로하며 계속 말했습니다.

"주여, 내가 믿나이다. 나의 믿음 없음을 도와주소서.'"

집에 도착한 나는 부축을 받아 차에서 내려 몇 걸음만 걸어가면 혼자 걸을 수 있을 것 같다고 말했습니다. 내가 문턱에 다다르자 찬란하게 빛나는 빛의 벽이 나를 미주했는데, 너무도 깜짝 놀랄 만큼 밝아서 나를 비틀거리게 했고, 나는 즉시 이렇게 소리쳤습니다.

"하나님께 영광 돌립니다. 나는 나았습니다!"

그때 나는 정말로 치유되었습니다. 나는 사고를 당하기 전에 했던 것처럼 집안 구석구석을 돌아다니며 주님을 찬양하고 하나님께 영광을 돌렸습니다. 그러던 중 목발을 보고 내가 말했습니다.

"목발을 빌려준 내 고마운 친구에게 돌려보내야지. 더 이상 나에게 필요하지 않아."

그렇게 나는 그 목발을 자정 직전에 반환했습니다. 할렐루야!

이튿날 아침 일어나서 나는 그 강철과 가죽 지지대와 붕대를 버렸고 그 후로는 한 번도 그것들을 만지지도 않았습니다. 나는 모든 것이 온전하게 되었기 때문입니다. 그로부터 이틀 후 나는 사도행전 2장 4절 말씀대로 성령의 감미로운 세례를 받았습니다.

지금 성경은 그 어느 때보다 나에게 더욱 큰 의미가 있습니다. 이제 나는 나의 주님을 죄에서 건져주신 나의 구주로, 위대한 의사로, 성령으로 세례 주시는 분으로, 그리고 그의 신부를 위해 금방 다시 오실 분으로 바라봅니다.

또 다른 간증은 뉴사우스웨일스주 오렌지 Orange 에 사는 M. 리게이트 포플 Legate Pople 부인의 간증이다.

심장병 환자의 치유 간증

"여호와께서 길에서 나를 인도하사"라는 창세기 24장 27절 말씀은 5주 전 하나님께서 내게 베푸신 놀라운 축복을 가장 잘 설명한 것 같습니다. 내가 얼마나 천국으로 가고 싶어 했는지! 나의 약한 심장은 인간의 도움을 받을 수 없는 상태에 있었고, 심지어 조금만 움직여도 심장이 달걀처럼 튀어나올 정도로 외피까지도 파열된 상태였습니다.

나는 16주 동안 엎드려 누워만 있었습니다. 천국이 아주 가깝게 느껴지고 곧 진주 문을 통과한다고 생각하니 얼마나 사랑스러운지, 그 영원한 날의 새벽이 내게 얼마나 실감 나는지, 내가 곧바로 그 곳으로 들어가기를 얼마나 사모했는지요.

나는 '영광의 본향'으로 얼른 가고 싶다는 생각에 너무 열중한 나머지, 전도자 위글스워스가 나를 방문할 때까지 내가 살아있다면 기도를 받고 싶지 않겠느냐는 질문을 받았을 때, 나는 단호하게 '아니오'라고 말했고, 진심으로 그렇게 생각했습니다. 이미 사랑하는 나의 친구들이 각처에서 나를 위해 기도하고 있었기 때문에 나는 더 이상 아무것도 원하지 않았습니다. 나의 마음과 소망은 온통 하늘에 있는 것들에 집중되어 있었고 여기 이 땅에 있는 것들에 조금도 집중하지 않았습니다.

그러나 나의 사랑하는 구주께서, 내가 맛본 적도 없는 얼마나 놀라운 축복이 이 땅에 있는지 내가 진주 문을 통과하기 전에 경험하길 원하셨고, 주님이 그것을 성취하기 위해 얼마나 은혜롭게 일하셨는지 나는 전혀 알지 못했습니다.

위글스워스 목사님이 거의 두 달 동안 이곳에 머무실 것을 기대하지 않았는데, 갑자기 날짜가 변경되어 사전 예고 없이 도착하셨습니다. 물론 이것은 나와 상관없는 일이었습니다. 왜냐하면 나의 병실의 이웃 환자인 토드 Todd 자매 156쪽의 간증 참조 와 나는 그 전도자의 집회와 아무런 관계가 없을 것이라고 생각했기 때문입니다.

그러나 "내 생각이 너희의 생각과 다르며 내 길은 너희의 길과 다름이니라 여호와의 말씀이니라" 사 55:8-11 라는 주님의 말씀이 얼마나 맞는지요! 집회가 진행됨에 따라 신유의 가르침에 부정적이었던 토드는 주위에 수많은 믿는 자들이 자신 있게 확증하는 이런 가르침들이 과연 그러한가 하여 성경을 새롭게 살피기 시작했습니다. 그녀는 "나는 여호와니 변하지 않느니라"라는 하나님의 진리를 너무나 확신하게 되었고, 내 병실로 찾아와 안수와 기도를 받기 위해 집회에 참석하러 가겠다고 말했습니다.

그날 밤 나는 그녀가 목발을 짚고 굉장히 고통스러워하면서 차로 가는 것을 보았고, 왠지 그녀가 치유받을 것이라고 느꼈습니다. 그녀가 돌아온 후에 마치 그 옛날 뛰면서 하나님을 찬양하던 다윗처럼 계단을 뛰어내려 내 병실로 와서 말했습니다.

"자매님, 나는 치유받았어요! 나는 치유받았어요!"

과연 그녀는 완벽하고 완전하게 치유를 받았습니다. 할렐루야! 정말 놀라운 일이었습니다.

나는 그날 밤 내내 기도하며 주님을 구했습니다. 그랬더니 이런 생각이 떠올랐습니다. 주님께서 내 눈 앞에서 그의 기적을 행하셨을 때, 그분은 나에게 그 기적을 행하시기를 원하시는지 아닌지를 증명하지 않고 그냥 본향으로 돌아간다면, 내가 어떻게 온 마음을 다해 사랑하는 나의 주님을 뵐 수 있을까?

집회를 마치는 날 아침, 나는 위글스워스 목사님께서 집회 후에 나를 방문해 기도해 줄 수 있을지 알아봐줄 누군가를 기다리고 있었습니다.

아침 식사 후에 나는 사랑하는 이들이 기도회를 하고 있는 소리를 들을 수 있었지만, 그들이 문을 닫자 나는 무슨 일이 일어나고 있는지 들을 수 없었습니다. 누군가가 얼른 내 병실에 들어와 내 메시지를 전해주길 얼마나 사모하고 있었는지, 그러나 아무도 없었고, 시간은 계속 흘러가고 있었습니다. 내가 주님께 얼마나 간절히 기도했던지요. 어떻게 그들은 모두 자신의 축복에만 푹 빠져 나에 대해서는 신경도 쓰지 않을 수 있단 말인가?라는 의문이 들었지만, '아니지. 내가 너무도 단호히 아니라고 말했으니 그들이 다시 나에게 묻지 않았을 거야. 그들은 모두 주님께 나를 강권하셔서 기도를 받고자 하는 마음을 주시라고 나를 위해 구했었어.'라고 생각했습니다.

곧 다른 사람들이 내 방으로 들어왔지만, 나를 쳐다보거나 평소처럼 미소를 짓고 친절한 말도 해주지 않았습니다. 나는 그들 각 사람에게 내 얘기를 전해줄 수 있는지 물었는데, 내가 다섯 번이나 부탁한 후에야 알았다는 약속을 받았습니다. 나는 '아니오'라고 한 번 말했지만 이제는 '예'라고 다섯 번이나 대답해야 했습니다. 그 오전 집회가 끝나기까지 얼마나 오래 걸린 것 같았는지,마침내 수간호사가 빛나는 얼굴로 들어와서 이렇게 말했습니다.

"그가 오십니다."

한 사람이 방으로 걸어 들어오는 것이 희미하나마 기억이 납니다. 그 후에는 예수님 외엔 아무도 보지 못했습니다. 사랑하는 주님께서 얼마나 감미롭게 나타나셨는지요. 그 전도자가 그의 딸 솔터의 부인 에게 나의 무릎에 손을 얹으라고 말했고, 그는 나의 머리에 손을 얹고 놀라운 기도를 하셨습니다. 내가바로 놀라운 영광 가운데 있었으므로 내게는 너무 아름다운 시간이었습니다. 그다음 그는 나의 심장에 손을 얹고 나의 치유를 위해 기도했고, 동시에 죽음을 꾸짖으며 예수의 이름으로 그것이 황급히 떠나라고 명했습니다.

그가 처음에 들어올 때 이렇게 말했습니다.

"일어날 준비가 되었나요?"

내가 "네, 그렇습니다"라고 말했습니다.

기도 후 그가 "이제는 일어나십시오"라고 말했고, 나는 일어났습니다. 불과 몇 분 전에도 움직일 수 없었던 나의 불가능은 완전히 잊혀졌습니다. 오직 한 가지 생각만이 나를 사로잡는 듯했습니다. 그것은 가능한 한 빨리 옷을 입는 것이었습니다. 나는 옷을 찾을 수 있는 곳으로 가기 위해 급히 병실을 가로질러 달려가 책으로 가득 찬 무거운 여행가방 두 개를 내렸습니다. 나는 급히 서둘렀습니다. 예배 후 나를 잠깐 만나러 오기 위해 모여들곤 했던 성경반의 '나의 동료들'을 맞이할 준비를 갖추기 위해 옷을 차려입고 싶었습니다. 전에는 오후가 되면 나는 반 의식 상태로 여러 시간 누워 있었는데 그때 나를 본 사람들은 아마 그것이 마지막 모습일 것이라고 생각했습니다. 그런 그들에게 이제 내가 완전히 건강해진 것을 보여주려고 옷을 찾으려던 것이었습니다!

내가 막 준비가 되었을 때 문이 열렸고 그들 많은 수가 들어와서 충격을 받았습니다. 일부는 울었고, 일부는 웃다가 울었습니다. 그들은 나를 꼭 껴안았고, 그다음 나의 심장에 대해 걱정하며 갔습니다. 그러나 괜찮았습니다. 나는 완벽하고 완전하게 치유받았습니다. 거의 아무것도 먹지 않은 채 침대에 누운 지 16주가 지났는데도 아무런 허약함도 느끼지 못했습니다.

이전에 나는 거기에 누워 있는 동안 배고프지도 목마르지도 않았는데, 나에게 가져다준 사람들의 성의를 봐서 그저 한 모금 정도를 마시는 수준이었습니다. 그러나 이제는 식사를 먹고 싶다는 생각이 들었고, 맛있게 한 상을 먹었습니다. 나는 변화되었고, 새로운 피조물이 되었으며, 하나님으로 충만하고, 신성한 치유를 받고, 사망의 그늘에서 풍성한 생명으로, 순간적으로 부활되어 하나님을 섬기기 위해 구원받았습니다.

내가 치유받은 그 이튿날 나는 사도행전 2장 4절 말씀대로 영광스럽게 성령세례를 받았습니다. 그리고 지금도 매일 매시간 주께서 말할 수 없는 기쁨과 충만한 영광으로 나를 채우십니다.

9

스위스와 스웨덴 사역

1920년도에 우리의 그레이트하트는 유럽의 여러 다른 지역에서 6개월간 사역했다. 프랑스에서 잠깐 사역하고 그다음 스위스로 갔다. 그의 수고에 대한 다음의 기록은 파리의 데바트 부인 Madame Debat 의 연설 중 일부이다. 그녀는 프랑스와 프랑스령 스위스에서 위글스워스의 통역자로 활동했다.

스위스에서 통역자의 보고

프랑스 알프스의 샤르트르 Chartres 에서 우리는 집회를 열었다. 그런데 이 하나님의 일을 반대하기 위해 4명의 목사가 그 땅을 정탐하러 왔다. 그러나 4명 모두가 위글스워스의 사도행전적 성령 충만한 오순절 사역이 진정 하나님의 일이라는 것을 확신했다. 그 중 한 사람은 소리치기를

"나는 하늘이 열렸다"고 말했다.

한 마차가 집회장에 도착했다. 거기에 탄 사람은 치유를 받겠다는 믿음을 가지고 멀리서부터 들것에 실려 온 남자였다. 그는 위암을 앓고 있어 음식을 먹을 수 없었다. 마차에는 먹을 것이 가득했지만 그는 아무것도 먹을 수 없었기에 사람들에게서 왜 음식을 싣고만 다니냐는 질문을 받았다. 그는 이렇게 대답했다.

"네, 나는 지금은 먹을 수 없지만 치유를 받을 것이고, 그러면 돌아오는 길에 이것을 먹을 것입니다."

그는 단순한 믿음을 가졌으며, 당연히 하나님께서 그를 만나주셨다.

나는 집회에서 나오는 한 여성에게 물었다.

"당신은 치유받았습니까?"

"물론이죠, 나는 치유받았습니다"라고 그녀가 대답했다.

청각 장애인들이 치유받은 사례가 여럿 있었다. 한 케이스는 뼈에 찰과상을 입고 고막이 없어졌지만, 그녀는 완벽하게 듣게 되었다.

로잔 Lausanne 에는 선천성 시각 장애인이 한 사람 있었다. 그의 아내는 결핵인데 상태가 심각했다. 그녀는 집회 소식을 듣고 남편에게 치유받을 믿음을 발휘할 수 있는지 물었다. 그는 빈정거리는 말투와 불신앙의 태도로 아내에게 대답했다. 그러나 그들은 집회에 참석해서 둘 다 구원받고, 치유도 받고, 세례를 받았다. 이전에 매우 굳은 얼굴에서 표정 자체가 확 바뀌었다. 그 남자의 케이스는 회복이 느린 경우였지만, 그의 시력은 조금씩 돌아오고 있다.

청각 장애와 탈장에 시달리는 사람이 또 하나 있었다. 그는 두 가지 질병에서 해방되기를 구할 수 없다고 생각해서 청각만 회복되기를 구했다. 그러나 그는 두 가지 질병에서 모두 고침을 받았다. 그곳에서 새로운 눈을 받은 아이도 있었고, 거의 실명된 여자가 치유를 받았다. 또 다리를 저는 사람 중에 지팡이를 내던지고 간 사례들이 많았다.

고디빌 Godivil 에서는 세 사람이 폐결핵에서 고침을 받았는데, 한 사람은 죽어가는 상태에서 출혈이 심한 19세 소녀였다. 하나님께서 그 소녀를 크게 축복하셨다. 소녀는 성령세례를 받았고 그토록 향기로운 간증을 했다.

브베 Vevey 에서는 잔드 Zand 라는 형제가 있었다. 그는 항상 하나님을 갈망하고 목말라해서 가는 곳마다 하나님에 대해 더 많이 배우고 싶다고 생각했다. 그는 열린 형제들 Open Brethren 이라는 팀에 속해 있었는데 그가 말했다.

"나는 회심할 때 성령세례 받은 것에 만족하지 않습니다. 무엇인가가 부족합니다."

그가 이런 말을 하자 그의 형제들은 그가 이단이라 생각하고 그에게 떠나라고 말했다. 그는 집회에 참석해서 성령세례를 받았다. 그곳에 야외 집회에 참석했던 훌륭한 젊은이들이 있었다. 그들 중 네 사람이 산에 올라가서 기도하기 시작했는데, 몇몇 등산객들이 그들에게 돌을 던졌다. 그들은 더 깊은 숲속으로 들어가서 아침까지 기도했고, 네 사람 모두 성령세례를 받았다.

모지스 Morges 에서 우리는 집회를 열었다. 여러 해 동안 걷지 못했던 한 사람이 휠체어를 타고 왔다. 그의 치유는 사도행전의 성전 미문에 앉은 사람과 흡사했다. 그는 펄쩍펄쩍 뛰어 집으로 걸어갔고, 그 뒤를 이어 휠체어를 밀고 따라가는 한 소년과 그가 치유되었음을 아는 많은 소년들도 떼를 지어 따라갔다. 또 한 사람은 신경쇠약에서 치유받았다. 그가 의사에게 갔더니 의사가 말하길 그가 치유되었으니 가서 감사의 말을 하라고 했다.

제네바 Geneva 에서는 300명이 나와서 구원을 받았다. 하나님께서는 독일어를 사용하는 그 지역에서도 전과 동일하게 집회를 축복하셨다.

뇌샤텔 Neuchatel 에서도 하나님께서 놀랍게 역사하셨다. 놀라운 성령세례를 받은 한 사람이 산상수훈을 전부 암송했다. 또 다른 사람은 성령의 영감으로 이탈리아어와 독일어를 말했으며, 뇌샤텔에서 프랑스어를 말하는 일까지 있었다.

자신의 스위스 방문에 대해 말하면서, 우리의 그레이트하트는 그가 통역을 통해 설교할 때 하나님의 성령이 사람들 가운데 운행하는 것을 보는 것이 놀라웠다고 했다. 코와 얼굴 윗부분에 암이 있는 한 여자가 기도 받으러 앞으로 나왔다. 위글스워스가 그녀를 바로 사람들 앞에 세우고 이렇게 말했다.

"이 분을 보십시오. 내일 밤에도 이 분이 여기에 있을 것인데, 여러분은 하나님께서 이 분에게 행하신 일을 보게 될 것입니다."

그는 그녀를 위해 기도했고 그녀는 집회장을 떠났다. 그다음 날 밤에 그녀가 다시 왔을 때 암이 사라졌고 얼굴에는 새로운 피부가 생긴 것을 볼 수 있었다.

어떤 질병에 걸려 얼굴이 험한 상태가 된 한 여성의 또 다른 사례가 있다. 그녀가 기도를 받았고, 이튿날 그녀가 전혀 새로운 피부를 하고 나타났다. 그녀의 안색은 밝게 빛이 났다.

한 젊은이가 조롱하고자 그 집회에 왔는데 그가 강력한 성령의 능력에 쓰러져 말을 할 수 없었다. 위글스워스는 악한 영에게 그에게서 나오라고 명령했고, 그는 자유케 되었다. 또 다른 집회에서는 정신 이상자 세 사람이 들어와 집회를 방해할 목적으로 앞줄에 앉았다. 위글스워스가 예수의 이름으로 귀신들에게 조용히 하라고 명령하자 더 이상의 혼란이 발생하지 않았다.

한 어린이가 집회에 나왔는데 병이 심했다. 의사들은 그 병이 머리와 관계있다고 말했다. 그 전도자는 위장에 문제가 있다는 것을 성령으로 알았다. 그가 배에 안수하고 기도하자 16인치나 되는 약 40센티미터 길이의 벌레가 그 아이의 입에서 나왔다.

하루는 그가 스위스에 있을 때, 경찰 두 사람이 그가 면허 없이 사람들을 치유한다는 혐의로 그를 체포하기 위해 고디빌 오순절교회 목사의 집으로 갔다. 목사님이 그들에게 말했다.

"위글스워스 목사님은 지금 출타 중입니다. 여러분이 그를 체포하기 전에 이곳에서 그의 사역의 결과 한 가지를 여러분에게 보여드리고 싶습니다."

그는 그 두 경찰관을 그 도시에서 가장 가난한 지역의 한 여성의 집으로 데리고 갔다. 그녀는 술에 취해 싸운 혐의로 경찰에게 여러 번 체포되어 대부분 시간을 감옥에서 보낸 여자였다. 이 목사님이 말했다.

"이 여자가 술 취한 상태에서 우리의 집회 중 한 곳에 참석했습니다. 그녀가 이런 상태에 있는 동안, 위글스워스 목사님이 그녀에게 안수하고 하나님께 그녀를 구해달라고 기도했습니다. 그녀의 몸은 두 군데나 심한 상처가 나 있었습니다. 그러나 하나님께서 그녀를 치유하시고 술취함에서 그녀를 구출하셨습니다."

그 여성이 경찰들에게 자신의 상태에 대해 말했다.

"그때 하나님께서 내 영혼을 구원하셨고, 그 순간부터 술에 대한 마음이 조금도 생기지 않았습니다."

경찰들이 놀라면서 말했다.

"우리는 이 수사를 중단할 수 없습니다. 다른 누군가가 해야 할 것 같네요."

그러나 더 이상 누구도 그를 찾아오지 않았다.

어느 날 뇌샤텔 Neuchatel 에서 에밀 란츠 Emil Lanz 박사라는 치과의사가 집회에 참석했다. 그는 마음속으로 이렇게 생각했다.

'나는 이 사람이 가짜라고 믿어. 그가 신유를 설교하지만, 아마도 그에게는 인공치아가 있을 거야. 집회가 끝나면 내가 그에게 가서 입을 벌려보라고 해야겠어. 그의 치아 중 인공치아가 발견되면 나는 그를 사기꾼으로 폭로할 거야.'

그래서 집회가 끝나자, 이 치과의사가 위글스워스에게 입을 벌려 치아를 보자고 요청했다. 후에 간증한 대로, 그는 어떤 사람의 입에서도 본 적이 없는 가장 온전한 치아들을 보고 깜짝 놀랐다. 스미스 위글스워스는 하나님께서 그의 치아 하나하나를 모두 지켜주실 것이라는 믿음을 갖고 있었는데, 주님께서는 그가 87세의 나이에도 자신의 치아를 모두 가질 수 있도록 그의 치아를 보존해 주셨다.

란츠 박사는 확신을 갖고 주님을 신뢰하기 시작했다. 몇 년 후 런던에서 그는 이렇게 간증했다.

"우리는 지난 3년 동안 스위스에서 놀라운 일들을 목격했습니다. 스미스 위글스워스 목사님의 사역을 통해 프랑스와 독일령 스위스에서 새로운 교회들이 많이 세워졌습니다. 우리 성도들 중 너무도 많은 사람들이 성령세례의 축복을 받았으며 그에 뒤따르는 표적을 경험했습니다. 이에 대해 우리는 깊은 감사를 드립니다. 2년 전 베른 Berne 에서 집회에 참석하는 인원이 15명에서 20명 정도에 불과했습니다. 오늘날 우리는 크게 성장했고 아름다운 예배당도 생겼습니다. 젊은 사람들이 야외에 모여 죄로부터의 구원과 성령세례의 기쁜 소식을 전합니다. 매 주일 밤에는 도시 한복판에서 대형 야외집회가 열리는데 많은 사람이 구원받고, 치유받으며, 성령세례를 받았습니다."

위글스워스는 이렇게 말했다.

"스위스에서 나는 두 번 감옥에 갇혔습니다. 그러나 하나님을 찬양합니다! 나는 무사히 풀려났습니다. 그곳의 한 경찰관이 나에게 말했습니다. '목사님에게서 아무런 잘못도 찾을 수 없었습니다. 목사님은 여기 스위스에서 우리에게 큰 축복이었습니다.' 그러던 어느 날 밤중에 그들이 나에게 말했습니다. '목사님, 가셔도 됩니다.' 내가 말했습니다. '아니요, 한 가지 조건에서만 내가 가겠습니다. 이곳의 모든 직원이 무릎을 꿇고, 내가 여러분을 위해 기도하겠습니다.'"

뇌샤텔 Neuchatel 의 한 여성은 여러 해 동안 신장 종양으로 고통을 받고 있었다. 많은 의사의 진료를 받았지만, 그들이 영구적인 도움을 주지는 못했다. 그녀는 수술받기 위해 베른 Berne 의 한 병원에 갔다. 그러나 의사들은 종양 7개를 발견하고는 수술이 불가능하다고 말했다. 그녀는 위글스워스 목사님의 집회 소식을 듣고 기도를 받기 위해 나왔다. 그녀는 완전히 회복되었고 성령세례를 받았다. 그녀는 자신의 아들 그 집회에서 구원받고 하나님께 부르심을 받은 을 아프리카의 벨기에령 콩고의 선교지로 보내는 기쁨까지 얻었다.

이전에 덴마크에서 무대를 화려하게 장식했으나 후에 선교사가 된 덴마크 여성 르위니 Lewini 부인은 스웨덴과 덴마크에서 3개월 동안 전도 운동할 때 위글스워스와 함께한 이야기를 다음과 같이 기록했다. 다음은 그녀의 보고다.

스위스와 덴마크에서의 놀라운 축복

천상으로부터 방문이 이루어진 시간이었습니다. 내가 감히 말할 수 있는 것은 수백 명의 사람이 예수를 구주로 영접했으며, 수천의 사람들이 많은 종류의 질병으로부터 치유받았고, 또 수천의 사람들이 새로운 삶에 눈을 떴으며, 많은 사람이 오순절 날에서처럼 성령세례를 받았습니다. 이 모든 것에 대해 예수님께 영광을 돌립니다.

다음은 내 눈으로 목격한 몇 가지 기적의 사례입니다.

내가 참석한 첫 번째 집회부터 이야기를 시작하겠습니다. 장소는 스웨덴의 외레브로 Orebro 였습니다. 나는 오랫동안 쉬지 않고 주의 일을 섬긴 탓에 지칠 대로 지쳤기에, 스스로 도움을 얻고자 참석했습니다. 둘째 날에 치유 집회가 있었습니다. 설교 후에 수백 명의 남녀 사람이 하나님의 만지심과 하나님께 영광을 돌리기 위해 나왔지만, 우리는 실망하지 않았습니다. 할렐루야! 나에게 안수해 주실 때 하나님의 권능이 놀라운 방법으로 나를 관통했고, 나는 즉시 치유받았습니다.

사역이 계속 진행되면서 주의 능력이 그들에게 임하여 사람들에게 미치는 영향을 목도하는 것은 놀라운 일이었습니다. 어떤 사람들은 두 손을 높이 들고, “나는 치유받았어요! 나는 나았습니다!”라고 외쳤습니다. 어떤 사람들은 성령의 능력에 압도되어 강단에 쓰러져서 부축을 받아야 했습니다. 한 젊은 시각 장애인 여성은 사역을 받고 눈을 뜨게 되자 크게 소리쳤습니다.

"오, 이 홀에 이렇게 창문이 많다니!"

집회가 계속되는 3주 동안에 큰 예배당이 매일 가득찼고, 허다한 무리가 치유받았으며, 많은 사람이 구원받았습니다. 간증 집회는 놀라웠습니다. 한 사람이 이렇게 말했습니다.

"나는 청각 장애인이였습니다. 그들이 나에게 기도했고, 예수께서 나를 고치셨습니다."

또 다른 사람이 말했습니다.

"나는 폐결핵이었는데, 이제 나는 자유롭습니다!"

커브데 Skovde 에서는 성령세례를 구하는 자들을 위해 작은 강당이 따로 마련되었습니다. 그들에게 성령이 임했습니까? 물론입니다. 여기서도 많은 사람이 치유되었습니다. 죄로 인해 몸이 망가진 한 젊은이가 있었습니다. 그러나 여호와께서는 죄인에게 긍휼을 베푸십니다. 그에게 기름을 붓고 그에게 손을 얹자 하나님의 능력이 놀랍도록 그에게 임했습니다. "나는 치유받았다"라고 그가 외쳤습니다. 그는 어린아이처럼 북받쳐 울면서 자신의 죄를 고백했고, 그 순간 하나님께서 그를 구원해 주셨습니다. 그는 큰 집회장으로 들어가서 주님이 자신을 구원하시고 자신을 치유하셨다고 간증했습니다.

스톡홀름 Stockholm 에서는 거의 모든 집회 때마다 사람들이 너무 많아 집회장에 들어갈 수 없었습니다. 혹 누가 집회장을 나오면 그 자리에 앉으려고 몇 시간씩 기다렸습니다. 목발 두 개를 짚고 온몸을 중풍으로 떠는 한 남성이 강단 위로 올려졌습니다. 그에게 기름을 바르고 예수 이름으로 안수했습니다. 그는 계속해서 떨었습니다. 그러더니 그가 목발 하나를 떨어뜨렸고, 잠시 후에는 다른 목발도 떨어뜨렸습니다. 그의 몸은 여전히 떨었지만, 그는 믿음으로 첫발을 내디뎠습니다. 그는 한 발을 들어 올리고 그다음에 다른 발을 들어 올려 강단 주위를 돌고, 그다음엔 집회장 안을 걸어 한 바퀴 돌았습니다.

이 집회 중에 한 여성이 고함을 지르기 시작했습니다. 설교자가 그녀에게 조용히 하라고 했지만, 그녀는 의자 위로 뛰어올라 그녀의 두 팔을 휘두르며 소리쳤습니다.

"나는 치유받았어요! 내 입에 암이 있었는데, 이 집회 중에 하나님의 말씀에 귀를 기울였더니 주님께서 나를 구원하시고, 입안의 암을 고쳐주셨습니다."

그녀는 너무 기뻐서 제정신이 아니었습니다. 사람들은 함께 웃고 울었습니다. 여기에 걷지 못하는 또 다른 여성이 있었는데, 기도를 받을 때 의자에 앉아 있었습니다. 그녀의 체험은 다른 수백 명의 사람들과 같았습니다. 그녀는 일어나 주위를 둘러보며 결국 그것이 꿈인지 생시인지 궁금해했습니다. 이내 갑자기 그녀가 웃더니 말했습니다.

"나의 다리가 치유되었어요!"

후에 그녀는 "나는 아직 구원을 받지 못했습니다"라고 고백하며 눈물을 흘렸고, 눈물이 그녀의 얼굴을 타고 비같이 흘러내렸습니다. 그들은 그녀를 위해 기도했고 나중에 그녀는 치유뿐 아니라 구원도 받고 기쁨이 충만한 가운데 집회장을 떠났습니다.

크리스티아니아 현재 노르웨이의 수도 오슬로의 옛이름으로 1925년 개명함 에서는 한 남자와 그의 아들이 택시를 타고 집회에 참석했습니다. 둘 다 목발을 짚었습니다. 아버지는 2년간 침대에 누워 지내서 다리를 땅바닥에 디딜 수가 없었습니다. 그가 기도를 받자, 목발 두 개를 내버리고 걸으면서 하나님을 찬양했습니다. 아들이 이것을 보더니 소리쳤습니다.

"나도 도와주세요."

잠시 후 아버지와 아들은 목발도, 택시도 없이 함께 그 집회장에서 걸어 나갔습니다.

덴마크의 코펜하겐 Copenhagen 에서는 매일 수천 명의 사람이 집회에 참석했습니다. 아침마다 2, 3백 명이 치유를 위해 기도를 받았습니다. 저녁마다 강단 주위는 사람들로 둘러싸였습니다. 계속해서 한 무리가 물러가면 또 다른 무리가 구원을 받기 위해 앞으로 나갔습니다. 이곳에서 많은 사람들이 성령세례를 받았습니다. 간증 집회는 실로 놀라웠습니다.

우리의 그레이트하트가 크리스티아니아 현재의 오슬로 에서 집회에 모인 엄청난 군중들에 대해 편지를 썼다. 전도 운동을 위해 준비한 큰 집회장이었지만 수천 명의 사람들이 들어갈 수는 없었다. 그는 이렇게 말했다.

"나는 한 시간 반 설교한 후, 3시간 넘게 병자들을 위해 사역했습니다. 앞으로 나오는 많은 사람들이 무력한 상태였습니다. 그러나 기도사역 후에 수백 명이 고침을 받았고, 넓은 강단 위에는 어마무시한 목발과 지팡이와 다른 보조기구들 더미가 버려졌습니다. 나는 모두가 보는 앞에서 공개적으로 사역했고 사람들은 고침받는 현장을 보며 기쁨으로 외쳤습니다. 시각 장애인이 보게 되고, 다리 저는 자들이 뛸 때 그 흥분은 놀라웠습니다. 우리는 지금 5천 명이 들어가는 집회장에 있는데 사람들은 너무 작을 것이라고 말합니다."

"한 남자가 병원에 입원해 있었는데 집회 참석을 허락해달라고 요청했지만 거절당했습니다. 그러나 그는 가기로 결정했고, 의사들은 이렇게 말했습니다. '당신이 간다면 다시는 돌아오지 못할 것입니다.' 그 사람이 말했습니다. '아니오, 나는 돌아오지 않을 것입니다.' 기도를 받은 후에, 그는 즉시 치유되었고, 그의 목발을 내던졌습니다. 이 일들은 놀라운 일이지만, 더 큰 놀라운 일들이 우리 앞에 있을 것입니다. 믿기만 하십시오."

위글스워스의 사역 회고

위글스워스는 후에 자신의 스웨덴 사역에 대해 이렇게 말했다.

"내가 스웨덴에 있을 때, 하나님의 능력이 내게 강력하게 임했습니다. 그곳에서 나는 설교하고 병자들을 위해 기도하다가 체포되었습니다. 루터교 교회들과 의사들이 군대같이 나를 대적하여 일어나, 나를 그 나라에서 추방하고자 국왕을 특별 접견했습니다. 그럼에도 강력한 하나님의 능력이 사람들 가운데 운행했기 때문에 두 명의 형사와 두 명의 경찰의 호위를 받았습니다. 사랑하는 여러분, 이것이 어찌나 사랑스럽던지요!"

"왕가의 간호사 한 명이 참석해서 다리 질환이 치유되었습니다. 허벅지가 부러졌는지 관절이 탈구되었는지는 잊어서 모르겠습니다. 그녀가 국왕에게 가서 말했습니다.

'저는 이 사람으로부터 아주 놀랍게 치유받았습니다. 아시겠지만 저는 지금 정상으로 걷습니다.'

국왕이 말했습니다.

'그렇구나. 그에 대해 모든 것을 들었다. 그를 풀어 주어라. 나는 그를 추방하길 원치 않는다. 그가 스스로 간다면, 다시 올 수 있지만 그를 추방한다면, 그는 돌아오지 않을 것이다.'

감사하게도 나는 쫓겨나지 않았습니다. 단지 나는 에스코트를 받으며 나갔을 뿐입니다."

"오순절 성도들이 성령 강림절 다음 날인 월요일에 공원에서 대형집회를 열 수 있는지 알아보기 위해 경찰을 만나러 갔습니다. 경찰 간부들이 말했습니다.

'우리가 그를 거절하는 이유는 딱 한 가지 방침 때문입니다. 만일 그 사람이 넓은 공원에서 병든 자들에게 안수한다면, 우리는 그 상황을 지키는 데 30명의 경찰이 더 필요할 것입니다. 그러니 만일 그가 사람들에게 안수하지 않기로 우리에게 약속해준다면, 이 공원 집회를 허락하겠습니다.'"

"그들이 내게 와서 묻기에 내가 말했습니다.

'내가 경찰들의 조건을 들어주겠다고 그들에게 약속하세요.'

하나님이 내가 사람들에게 안수하는 것에 제한을 받지 않으신다는 것을 나는 알았습니다. 치유하기 위한 주님의 임재가 그곳에 있을 때, 안수는 필요치 않습니다. 바로 믿음이 가장 큰 작동 요소입니다. 우리가 하나님을 믿으면 모든 것이 쉬워집니다."

"그들은 내가 수천 명의 사람에게 설교할 수 있는 강단을 만들었습니다. 나는 이렇게 기도했습니다.

'주여, 주님은 이 상황을 아십니다. 주님은 상황을 조정할 수 없는 곤경에 처한 적이 한 번도 없으셨습니다. 이 가련하고 곤궁한 사람들에게 안수하지 않고도 행할 수 있는 것을 내게 알려주십시오. 나에게 보여주십시오.'"

"사람들에게 내가 말했습니다.

'오늘 모든 것을 치유하는 하나님의 능력이 여러분을 관통하기를 바라는 사람들은 모두 두 손을 높이 드세요.'

수천의 사람들이 손을 들었습니다. 내가 크게 부르짖었습니다.

'오 주님, 나에게 보여주십시오.'

주님께서 바위 위에 서 있는 한 사람을 택하라고 내게 분명하게 말씀하셨습니다. 그 공원은 바위가 많은 곳이었습니다. 나는 그들에게 이 사람을 제외하곤 모두 손을 내리라고 말했습니다. 그녀에게 내가 말했습니다.

'당신의 문제가 무엇인지 모든 사람에게 말하세요.'

그녀는 자신의 문제를 말하기 시작했습니다. 그녀는 머리부터 발까지 통증이 심했으므로 지금 바로 앉거나 눕지 않으면 계속 손을 들 수 없을 것 같다고 말했습니다."

"내가 그녀에게 말했습니다.

'당신의 두 손을 높이 드세요.'

그다음 내가 말했습니다.

'예수의 이름으로 당신의 머리에서 발끝까지 악한 자를 꾸짖노라. 하나님께서 당신을 풀어놓으셨음을 믿노라!'

그러자 그녀는 춤을 추고 뛰며 외쳤습니다. 오, 그녀가 얼마나 춤을 추고, 얼마나 뛰며, 얼마나 외쳤는지!"

"그것은 내 손을 얹지 않고서도 하나님께서 치유하시는 것이 얼마나 쉽고 간단한 것임을 하나님께서 처음으로 내게 알려주신 일이었습니다. 내가 몸이 아픈 사람들에게 말했습니다.

'이제 각자가 자신에게 손을 얹으세요. 그러면 내가 기도할 때 하나님께서 여러분을 치유하실 것입니다.'

그날 내가 손을 대어 안수하지 않고서도 수백 명이 치유받았고, 수백 명이 구원받았습니다."

"우리 하나님은 전능하신 하나님이십니다! 오, 우리가 믿음과 능력의 이 왕궁에 들어올 수 있다는 것이 얼마나 놀랍고, 얼마나 영광스러우며, 얼마나 황홀한 일입니까! 우리는 크신 하나님을 모시고 있습니다. 우리는 놀라운 예수님을 모시고 있는 것입니다. 나는 역사하시는 성령님을 믿습니다."

4부

훈련

10

그의 영적 힘의 비밀

영적 생활에서 두 가지 요인

많은 사람들이 묻는다.

"스미스 위글스워스는 어떤 영적 비밀을 가졌는가? 그의 위대한 힘은 어디에 있었는가?"

그의 영적 생활에 있어서 주된 요인 두 가지는 이것이다. 첫째는 하나님의 성령을 의지하는 것이요, 둘째는 하나님의 말씀에 대한 확신이다. 이 두 가지가 사역에서 그의 '거룩한 대담성'과 그의 끊임없는 '담대한 행동'의 토대였다.

그는 굉장한 성령의 사람이듯, 또한 굉장한 말씀의 사람이었다. 그는 이렇게 밝혔다.

"도서관은 머리를 크게 하지만, 하나님의 말씀은 마음을 크게 넓혀줍니다. 우리는 말씀으로 넓혀진 마음, 즉 주님의 생명과 능력을 보여줄 하나님의 사랑의 향기로 충만한 마음을 가져야 합니다."

그는 또 이렇게 말했다.

"믿음은 들음에서 나며, 들음은 주석을 읽음으로가 아니라, 하나님의 말씀으로 말미암습니다. 믿음은 하나님의 말씀의 원리입니다. 말씀에 감동하심을 주신 성령은 진리의 영이라고 부릅니다. 우리가 마음에 심어진 말씀을 온유함으로 받을 때 믿음이 우리 마음에 생겨납니다. 갈보리 희생을 믿는 믿음, 예수의 흘린 보혈을 믿는 믿음, 그가 우리의 연약한 것을 친히 담당하시고, 그가 우리의 질병을 짊어지시고 우리의 통증을 가져가셨으며, 그가 오늘날 우리의 생명이라는 사실을 믿는 믿음이 우리의 마음에 생겨납니다. 하나님의 말씀은 살아 있고, 능력이 있으며, 그 보물 속에서 당신은 영원한 생명을 얻을 것입니다. 만일 당신이 이 놀라운 생명의 주님을 감히 신뢰한다면, 당신은 그분 안에서 당신에게 필요한 모든 것을 얻을 것입니다."

그는 자주 이런 말을 했다.

"나는 성경 외에는 어떤 책도 읽어본 적이 없습니다."

그의 말을 들은 한 비평가가 다음과 같이 글을 썼다.

"성경 외에는 어떤 책도 읽지 않았다고 말하는 이 사람이 어떻게 책을 썼단 말인가? 그의 저서, 「날로 증가하는 믿음」 Ever Increasing Faith 이 오순절 복음 The Pentecostal Evangel 신문 칼럼에 광고가 나오지 않았는가?"

우리는 그 사람에게 회답하여 이렇게 말했다.

"스미스 위글스워스는 책을 쓰지 않았습니다. 그 책은 이렇게 나오게 되었습니다. 그가 중앙성경학교 Central Bible Institute 의 초창기인 1923년에 미주리주 스프링필드에 갔습니다. 매일 아침 그는 학생들에게 강의했고, 매일 밤 그는 컨벤션 홀에서 많은 사람들에게 강의했습니다. 우리는 오순절 복음 신문을 위해 이 강의들을 기록했고, 그것이 그 신문에 실린 후에 우리는 인쇄소에 그 활자를 보관해 달라고 부탁했습니다. 메시지가 충분히 준비되었을 때, 우리는 그것을 책으로 냈습니다. 스미스 위글스워스는 그 책을 읽지도 않았습니다."

이 책이 다소 미숙하다는 것을 우리는 알고 있다. 그럼에도 불구하고 하나님께서 이것을 소유하시고 이것을 사용하셔서 전 세계 수많은 사람을 구원하고 치유하는 축복이 되게 하셨다.

에스겔 선지자는 여호와의 말씀을 받았다.

"네 입을 벌리고 내가 네게 주는 것을 먹으라."

그가 이렇게 말한다.

"내가 보니 보라 한 손이 나를 향하여 펴지고 보라 그 안에 두루마리 책이 있더라."

그때 여호와께서 명령하셨다.

"인자야 너는 발견한 것을 먹으라 너는 이 두루마리를 먹고 가서 말하라."

그러자 선지자가 말했다.

"내가 입을 벌리니 그가 그 두루마리를 내게 먹이셨다."

다시 여호와께서 말씀하셨다.

"인자야 내가 네게 주는 이 두루마리를 네 배에 넣으며 네 창자에 채우라."

우리의 그레이트하트가 그 "두루마리"를 계속 먹었더니, 그것이 그의 안에서 살아났다. 그래서 그는 하나님께서 그를 보내신 자들에게 가서 권세 있게 믿음으로 말했다. 그와 자주 집회에 동행한 그의 사위인 제임스 솔터는 이렇게 말했다.

"그는 본질적으로 성경의 사람이었어요. 그는 주머니에 하나님의 말씀인 성경 없이는 옷을 제대로 차려입었다고 생각한 적이 없었습니다. 그는 성경을 가지고 다녔을 뿐만 아니라 또한 그것을 계속 사용했습니다. 다른 사람들이 기차 안에서 소설이나 신문을 읽고 있을 때, 그는 자신의 성경을 읽었습니다. 그가 집회를 위해 이동하는 여러 종류의 배에서, 가끔 휴식을 취하는 해변에서, 또는 그가 가장 좋아하는 집 근처 공원의 장소에 앉아 휴식할 때에도 언제나 그의 손에는 신약성경이 들려 있었지요. 그가 친구들과 나눈 식탁 교제에서 '성경에서 한 구절'이라도 읽지 않고서는 그 식탁을 결코 떠나지 않았으며, 그 구절에 대한 그의 논평은 대개 식사에 나오는 어떤 코스보다 더 최상의 별미였지요."

머리와 가슴을 말씀으로 채우라

그가 젊은이들에게 끊임없이 조언한 내용은 이러했다.

"여러분의 머리와 여러분의 마음을 성경 말씀으로 채우세요. 말씀의 구절들을, 그 책의 이름, 장, 절과 함께 암송하여 설교에서든 야외집회에서든 정확하게 성경을 인용할 수 있도록 하십시오. 여러분이 이렇게 할 때 여러분의 마음에 하나님의 성령께서 싹트게 하실 씨앗을 뿌리는 것이며, 성령께서는 여러분이 한번 암송해놓은 말씀을 때때로 생각나게 하실 것입니다. 여러분이 하나님의 말씀으로 완전히 흠뻑 젖고, 그 말씀으로 완전히 가득 차서, 여러분 자신이 살아있는 편지로서 모든 사람에게 알려지고 읽혀지도록 하십시오."

"신자는 하나님의 말씀이 그들 안에 머무를 때만 강합니다. 하나님의 말씀은 그것을 단순한 믿음으로 받는 사람에게 영이요 생명입니다. 말씀은 그 지배력을 가진 모든 사람에게 생명과 활력을 줍니다. 여러분의 성경책을 알고, 그대로 살고, 그것을 믿으며, 그것에 순종하십시오. 하나님의 말씀을 여러분의 마음속에 간직하십시오. 그것이 여러분의 영혼을 구원하고, 여러분의 몸을 살리며, 여러분의 생각 mind 을 밝혀줄 것입니다."

"하나님의 말씀은 완전하고, 최종적이며, 오류가 없고, 신뢰할 만하며, 최신의 것입니다. 그러므로 그것에 대한 우리의 태도는 아무 의심할 여지가 없는 순종이 되어야 합니다. 만일 성경에 어떤 것이 있다면 그것은 있는 것입니다. 그것에 대해 기도할 필요도 없습니다. 그것을 받아들이고 그에 따라 행동하면 됩니다. 믿음을 행하지 않는 것은 축복을 훔치는 강도입니다. 믿음의 성장 increase 은 행함으로써, 우리가 가진 것과 우리가 아는 것을 사용함으로써 옵니다. 여러분의 삶은 믿음에서 믿음으로 전진하는 삶이어야 합니다."

순종은 참된 믿음의 열매

그는 우리가 하나님의 말씀에 절대적으로 순종되어야 한다고 끊임없이 가르쳤다. 그는 "순종이 제사보다 낫다"는 성구를 반복해서 인용했다. 그에게 순종은 참된 믿음의 정상적인 열매였다.

"여러분이 감히 믿기 때문에, 순종하여 행해야 합니다."

매일 시간을 내어 하나님의 말씀을 읽는 것 외에도, 우리의 그레이트하트는 종종 영적으로 새롭게 되기 위해 사람들을 떠나 하나님과 단둘이 함께 하는 비결을 배웠다. 그는 한때 영국을 방문했던 매우 경건한 목사를 알게 되었는데, 그 목사는 비범한 정도의 하나님의 임재를 지닌 분이었다. 그의 설교는 단순하고 꾸밈이 없었으나 청중들이 주님과 의식적으로 접촉하도록 이끌었다. 수많은 열성적인 영혼들이 그의 능력의 비밀을 배우고자 했으나, 그는 그들에게 말하기를 마음 내켜 하지 않았다. 그러나 그 문제에 대해 그가 기도해본 후에 주님은 그의 깊은 영적 사역의 비밀을 묻는 자들에게 말할 자유를 그에게 주셨다.

그는 이렇게 말했다.

"여러 해 전부터 하나님의 성령께서 나에게 말씀하기 시작하셨습니다. 하지만 나는 너무 바빠 그의 음성에 귀를 기울이지 않았습니다. 성령님은 그가 말씀하실 때 내가 옆으로 물러나기 시작할 때까지 끈질기게 말씀하셨지요. 그 결과 나는 주 하나님께서 제게 하셔야 할 말씀을 들을 수 있었습니다. 이것이 내 삶의 방식이 되었습니다. 나는 그의 간청하는 음성에 지금까지 순종했습니다. 성령의 가장 미세한 숨결에도 나는 모든 사람과 모든 일을 제치고, 그분의 말씀을 듣고 그 말씀에 순종하기 위해 그분의 임재 안으로 들어갑니다."

우리의 그레이트하트는 이 경건한 목사님의 비전을 붙잡았다. 그래서 그는 하나님의 말씀인 성경을 손에 쥐면, 어떤 군중이나 무리 속에서도 사람들과 함께할 수도 있지만 오직 하나님과만 완전히 함께 있을 수 있었다. 그의 이 영적 비밀은 빌린 것이었을지 모르지만, 이제는 하나님의 모든 경건한 종들에게 당신에게도 공개되어 있다.

우주적인 치료제

어느 날 위글스워스가 기차로 이동 중이었을 때 한 어머니와 그 딸이 둘 다 병에 걸려 있었다. 그는 모녀에게 말하기를 그의 가방에 모든 병을 고치는 치료제가 들어있는데 어떠한 최악의 질병에도 결코 실패함이 없다고 말했다. 실제로 '조건'이 충족되는 곳에서는 결코 실패한 적이 없다고 말이다. 그가 가방에 가지고 있는 것에 대해서 너무도 많은 이야기를 했으므로 그들은 이 놀랍고 우주적인 치료제를 좀 달라고 간청했다. 그는 가방을 열고 그의 성경을 꺼내어 다음 성구를 읽었다.

> 나는 너희를 치료하는 여호와니라 출 15:26

그리고 그들이 이 놀라운 치유자에 대한 믿음을 가질 수 있도록 기도했다. 잠시 후 그 두 사람은 모두 치유를 받았다고 선언했다.

한번은 그가 사우스 웨일스의 카디프 Cardiff 에서 한 여자를 위해 기도했는데 즉시 치유되었다. 그녀는 다음 집회에 참석해서 주님이 그녀를 위해 행하신 일을 큰 기쁨으로 간증했다. 그녀는 자신에게 큰 유익이 되었던 이 진리를 널리 전파하고 싶다고 말하면서 우리의 그레이트하트에게 전도지로 쓸 소책자를 요청했다.

그가 대답했다.

"치유에 관해서 내가 알고 있는 가장 좋은 전도지는 마태, 마가, 누가, 요한복음입니다. 거기에는 예수 그리스도의 능력과 역사하심을 말하는 사건들로 가득합니다. 그분은 어제나 오늘이나 영원토록 동일하십니다. 이것보다 더 나은 것은 없습니다."

또 한번은 그가 어느 아픈 청년을 위해 기도했다. 그가 기도를 마친 후, 그 청년이 이렇게 말했다.

"목사님, 저는 근거가 되는 굳건한 약속을 갖고 싶습니다."

위글스워스가 그의 성경책을 땅에 내려놓고 그 청년에게 말했다.

"자, 성경책 위에 올라서세요."

그가 그 위에 올라서자 이렇게 말했다.

"이제 당신은 위대한 약속의 큰 더미 위에 서 있습니다. 그 약속들을 하나하나 다 믿으세요."

지금의 위글스워스로 만든 것은

그가 오순절 성령세례를 받았던 1907년 이전에도 성령님이 그의 경험과 가르침에 끊임없이 임하셨지만, 바로 그때 성령세례를 받은 때부터 그의 인생에 새로운 시대가 시작되었다.

그는 자신의 사역의 모든 단계에서 성령을 절대적으로 의지했다. 그는 분명히 성령 안에서 살고 성령의 인도 받기를 추구했다. 방언의 은사는 그에게 값을 매길 수 없는 귀중한 보물이었으며, 매일 여러 번 그의 마음은 땅의 더럽혀진 언어가 아니라 하나님께서 그에게 은혜로 주신바 성령께서 주신 사랑의 언어로 하나님을 향한 사랑과 경배로 나아갔다. 그는 이 방언으로 말하는 것이야말로 항상 영적인 덕을 세우는 것의 원천이라는 것을 발견했다. 그는 유다서의 말씀 그대로 살았다.

사랑하는 자들아 너희는 너희의 지극히 거룩한 믿음 위에 자신을 세우며

성령으로 기도하며 유 1:20

그는 또한 에베소서 말씀대로 살았다.

모든 기도와 간구를 하되 항상 성령 안에서 기도하고 이를 위하여 깨어 구하기를 항상 힘쓰며 여러 성도를 위하여 구하라 엡 6:18

제임스 솔터는 그의 설교에 대해 이렇게 말했다.

"비유로 말하면, 그는 자주자주 하나님의 제단을 쌓고 희생 제물을 준비했으며, 그러면 하나님께서는 불을 보내 제물을 소멸시켜 그의 노력을 완수하셨습니다."

"그는 확실히 성경을 살피고 연구했습니다. 그리고 진리의 말씀을 옳게 분별하며 부끄러울 것이 없는 일꾼으로 인정된 자로 자신을 하나님 앞에 드리기 위해 밤낮으로 기도했습니다. 그러나 스미스 위글스워스를 지금의 그로 만든 것은 하나님의 숨결, 하늘로부터 내려온 기름 부음, 그리고 성령의 인격과 능력이었습니다. 그는 그것을 알고 있었으며, 이 쌓아진 자산을 조심스레 지켰습니다."

"우리는 그가 이렇게 말한 것을 들었습니다.

'나는 성령을 떠나서는 아무것도 아닙니다.'

그는 확실히 과연 그대로였습니다."

긍휼의 마음으로 행하라

위글스워스의 능력의 또 다른 비결은 그가 끊임없이 "긍휼의 마음으로 행하였다"는 것이다. 그는 그리스도의 가장 강력한 기적의 원천은 그의 놀라운 긍휼이라는 것을 알았다. 그가 죄로 망가진 영혼들과 질병으로 부서진 육신들을 바라볼 때면 그의 두 눈에서 눈물이 흘러내렸다. 그는 마귀의 일을 무너뜨리기 위해 열정을 불태웠으며, 두루 다니며 착한 일을 행하시고 마귀에게 눌린 모든 사람을 고치신 주님을 본받으려고 노력하는 것에 적극적으로 공격적이었다.

그를 친밀하게 아는 사람이 그에 대해 다음과 같이 말했다.

"우편물이 그의 집에 도착해서 그 편지를 개봉할 때가 되면, 우리 모두는 하던 일을 멈추고 부담을 떠안아야 했습니다. 그가 도움을 요청하는 애처로운 호소를 처리하는 방법에는 서두르거나 대충대충 하는 게 없었습니다. 집 안에 있는 모든 사람은 기도에 참여해야 하며 병든 자들에게 보낼 손수건에 안수해야 했습니다. 그 편지들은 편지를 쓴 사람이 친히 그 자리에 있는 것처럼 대우를 받았습니다. 요청 건 하나하나가 별개로 성심껏 처리되었으며, 전 세계 수천 명의 사람들이 이 긍휼 사역의 결과에 감사함으로 간증했습니다."

"어느 날 그에게 우편물이 도착했습니다. 심각한 중병에 시달리는 한 부인이 보낸 장문의 편지였습니다. 그녀의 편지에는 신유라는 주제에 관한 인용구로 가득했습니다. 그리고 그 주제에 관해 알아야 할 모든 것을 알고 있음을 보여주었습니다. 위글스워스는 그 편지를 한두 번 읽고는 그것을 내게 건네주면서 '이것에 대해 어떻게 생각하는가?'라고 말했습니다. 그는 그 편지를 다시 읽고 나서 편지 하단에 이렇게 썼습니다. '당신 자신의 편지를 믿으시고, 손수건처럼 그 편지를 당신의 아픈 몸에 적용하세요. 그러면 당신은 나을 것입니다.' 그가 답장을 보냈더니 얼마 후에 그는 그녀가 완전히 나아 건강해졌다는 편지를 받았습니다."

11

도전자

한때 시카고에서 캘리포니아까지 매일 운행하는 챌린저호 The Challenger 라는 이름의 기차가 있었다. "챌린저" 도전자 는 스미스 위글스워스에 딱 맞는 이름이었을 것이다.

종종 그는 집회에서 다음과 같이 도전함으로써 그의 설교를 시작하곤 했다.

"여러분은 준비가 되었습니까? 무엇을 위한 준비입니까? 하나님을 믿을 준비죠! 하나님께서 여러분을 위해 가지고 계신 비전을 붙잡을 준비! 오늘 여러분을 위한 하나님의 계획에 바로 들어갈 준비 말입니다!"

그 자신에게 있어서, 그는 항상 준비된 위글스워스였다.

바울은 로마서 1장 15절에 시저의 요새에 편지를 보내어 이렇게 선언했다.

"나는 로마에 있는 너희에게도 복음 전할 준비가 되어 있다."

어느 날 위글스워스는 로마로 여행을 떠났다. 그는 그곳에서 복음 전할 준비가 되어 있었다. 거리에서 그는 그가 캘리포니아에서 설교하는 것을 들었던 한 이탈리아 형제를 만났다. 이 형제는 그를 로마에 있는 오순절 성도들이 예배하는 곳으로 데려갔다. 거기서 그리스도를 섬기는 것은 그의 기쁨이었다.

로마 사제에게 구원기도 해주다

위글스워스는 후에 거기서 특별 집회를 열기 위해 솔터 부부와 함께 로마를 방문했다. 그리고 어느 날에 카타콤을 방문하기로 결정했다. 영어를 구사하는 특별한 젊은 사제가 그들의 가이드로 배정되었다. 그들은 각각 지하 통로를 비추어줄 두꺼운 양초를 받았다. 그 사제는 나머지 일행은 잊어버린 듯, 보고 듣는 모든 것에 깊은 관심을 갖는 스미스 위글스워스에게 특별한 관심을 보였다. 그 사제는 그에게 반복해서 말했다.

"당신은 훌륭한 가톨릭 신자가 될 것입니다. 당신은 가톨릭 신자가 되어야 합니다."

그때마다 위글스워스는 이렇게 대답했다.

"나는 가톨릭 신자이지만, 로마 가톨릭은 아닙니다."

그 사제는 투어가 끝날 때까지 위글스워스와 계속 대화를 나누었고 그들이 계단을 올라가 카타콤을 떠날 시간이 되었다. 그때 스미스 위글스워스가 기회를 포착하여 그 사제에게 말했다.

"이제 당신이 구원을 받게 되면, 훌륭한 그리스도인이 될 것입니다. 여기 바닥에 무릎을 꿇으십시오. 그러면 내가 하나님께 당신을 구원해달라고 구하겠습니다."

그 사제는 깜짝 놀라더니 눈물을 펑펑 쏟으며 무릎을 꿇었다. 그 사람의 머리에 손을 얹고 스미스 위글스워스가 하나님께 그의 영혼을 구원해달라고 기도했다. 그 사제는 그의 두 손에 가장 열렬히 입맞춤을 했고, 스미스 위글스워스가 그의 포옹에서 벗어나기까지는 시간이 좀 걸렸다.

성령세례를 말하지 않는 것은 '죄'

어느 날 웨일스의 카디프에서 관대함으로 평판이 좋은 한 남자가 대표적인 기독교 지도자들로 구성된 대규모 모임을 주최했다. 연합과 조화가 이 대회의 주제였는데, 성령과 개인적 성결의 필요성이 강조되었다.

그러한 많은 모임에서 하던 관습대로, 모든 연사들이 일반적인 말만 했지, 어느 누구도 다른 사람의 감정을 상하게 할 만큼 예리한 연설을 하지 않았다. 모든 일이 잘 진행되는 것 같았고, 주최자는 만족감을 표했다. 그러나 그 많은 청중 가운데 다음과 같은 생각에 감동된 한 사람이 있었다.

"여기 모인 모든 사람들은 하나님의 가장 좋은 것을 놓치고 있습니다. 오순절 날에 제자들이 받았던 것과 같은 강력한 성령세례가 여기 모인 모든 사람을 위해 있다는 것을 내가 이 많은 청중에게 말하지 않고 침묵을 지키는 죄를 지으면 되겠습니까?"

그 사람은 바로 우리의 용감한 그레이트하트였다. 그가 조금의 동요도 일으키지 않고 일어나서 그의 겉옷을 벗고 셔츠 차림으로 강단 앞으로 나가 이렇게 도전했다.

"내가 성령세례를 받기 전, 지금 여러분이 가진 모든 것 성령과 개인의 경건함 을 나도 가지고 있었습니다. 그렇다면 지금 여러분이 가진 모든 것과 더불어 내가 그 이후에 받은 이 성령세례를 무엇이라고 설명하시겠습니까?"

그런 다음 그는 이렇게 덧붙였다.

"나는 여덟 살 무렵에 감리교에서 구원받았습니다. 조금 후에 나는 영국 국교회의 주교로부터 견진성사를 받았습니다. 후에 나는 침례교도로서 침례를 받았습니다. 나는 플리머스 형제단에서 성경의 가르침에 대한 기초를 쌓았습니다. 나는 구세군의 피와 불의 깃발 아래 행군했고, 야외에서 영혼 구원하는 법을 배웠습니다. 나는 리처드 리더 해리스[1] Richard Reader Harris(1847-1909) 와 오순절 연맹 Pentecostal League 의 가르침을 통해 성화와 깨끗한 심령의 두 번째

1 리처드 리더 해리스: 영국의 저명한 법정 변호사로서 작가요 여성지도자인 경건한 아내 메리 브리스토와 결혼하고 기독교로 개종, 감리교 목사가 되었다. 1891년 아내와 함께 신자들을 성령으로 충만하게 하기 위해 기도에 동참하는 기독교인들의 초교파 연합체인 오순절 기도연맹을 창설하여 방언 운동을 폈다. '방언으로 말하는 것은 잘못된 것이 아니다. 그것은 초대교회의 특권이었고, 그것은 오늘날 모든 신자의 특권이 될 수 있다'라고 주장했다. 그리고 기독교 교회를 부흥시키고 성경적 거룩함을 전파하도록 주장했으며, 오스왈드 챔버스 -「주님은 나의 최고봉」의 저자-와 절친한 친구였다.

축복을 받았습니다. 나는 열흘 동안 주님을 기다리며 믿음으로 성령의 은사를 주장했지만, 1907년 선덜랜드에서 하나님 앞에 무릎을 꿇고 기도하는 중에 사도행전 2장 4절을 경험했습니다. 성령이 임하였고 나는 다락방에 모인 사람들처럼 새 방언으로 말했습니다. 그것은 나의 체험을 논쟁의 범위에서 벗어나 오로지 하나님의 거룩한 말씀의 기록 안에 두게 했습니다. 하나님께서 처음에 초대교회 성도들에게 주셨던 것처럼 나에게도 성령을 주셨습니다. 나도 연합과 조화와 하나 됨을 원하지만 나는 그것을 하나님의 방법으로 원합니다. 사도행전에서 새 방언을 말하는 것은 성령의 충만함과 흘러넘침의 표시였습니다. 나는 하나님께서 그의 방법을 바꾸셨다고 믿지 않습니다."

회의장 안이 긴장된 분위기로 가득 찼고, 의장은 서둘러 회의를 종결했다. 그러나 스미스 위글스워스가 그의 도전을 내던져놓았다. 그는 그 간증이 충분히 옹호할 가치가 있다고 느꼈고, 늘 그렇듯 오순절 신자들의 선한 싸움을 싸웠다. 그는 오순절 성령운동의 유산이 팥죽 한 그릇으로 맞바꾸어서는 안 된다고 느꼈다. 그래서 그는 늘 하던 대로, 완전한 성령세례는 성령이 말하게 하심을 따라 다른 방언으로 말하는 것이 동반되어야 한다고 담대하게 주장했다.

그는 끊임없이 도전을 외쳤다.

"준비된 삶을 사십시오. 기회가 왔을 때 준비해야 한다면, 그때는 너무 늦은 것입니다. 기회는 기다려 주지 않습니다. 당신이 기도하는 동안이라 할지라도 마찬가지입니다. 당신은 준비할 필요가 없습니다. 준비된 채로 살아야 합니다."

영적 메시지를 듣고 설교 초청하다

그가 처음 미국을 방문했을 때, 캘리포니아 북부의 카자데로 Cazadero 에서 천막집회가 열린다는 소식을 듣고 참석하기로 했다. 그는 도착해서 이 캠프를 주최한 몽고메리 부부에게 자신이 누구인지 말했다. 첫째 날 밤, 여러 목사가 설교한 후에 집회 주관자가 위글스워스를 바라보면서 비판적으로 말했다.

"자, 이제 목사님 차례입니다. 준비되셨죠?"

위글스워스가 미소를 지으며 대답했다.

"네, 항상 준비되어 있죠."

그는 겉옷을 벗고 강단 앞으로 나갔다. 그가 몇분간 말하기도 전에 그의 독특한 영적 메시지로 많은 청중을 사로잡았다. 그날부터 그는 남은 3주 동안 매일 아침과 밤 집회에 설교를 해달라는 부탁을 받았다. 왜냐하면 여러 초청 강사들이 이렇게 말했기 때문이다.

"이분에게는 탁월한 믿음의 메시지가 있으니 우리는 그의 설교를 듣고 싶습니다."

그 천막집회를 통해 그는 캘리포니아 여러 도시로부터 사역해달라는 초청이 꼬리를 이었다.

스미스 위글스워스는 그의 청중에게 이렇게 도전하곤 했다.

“기도를 믿는 사람들은 모두 한 손을 드세요. 큰소리로 기도하는 것을 믿는 사람은 두 손을 드세요. 이제 모두 일어나서 그대로 행하여 여러분의 마음이 원하는 것을 얻으십시오.”

처음에는 이 도전에 대한 엇갈린 반응이 있었다. 일부는 이를 용인했지만, 다른 일부는 공개적으로 반대하기도 했다. 그러나 대체로 사람들은 그가 전하는 메시지에 순종하여 많은 유익을 얻었다. 보수적인 영국에서는 그의 방법에 대해 적지 않은 반대가 있었지만, 그는 이 방법이 “한마음으로 하나님께 소리를 높인” 초대교회 성도들과 일치한다고 확신했다. 그는 이렇게 말하곤 했다.

“거룩한 손을 들어 기도하는 것은 제가 만들어낸 것이 아닙니다. 그것은 성경의 첫 책 창세기에 나와 있습니다. 아브라함이 그렇게 했습니다. 그리고 성경의 마지막 책 계시록에서 천사가 그렇게 하고 있다는 것을 읽을 수 있습니다. 모세, 아론, 다윗, 예레미야, 에스겔 모두가 그렇게 했습니다. 모세가 아말렉 족속에 대항하여 하나님께 손을 들어 올렸을 때 싸움의 성패가 좌우되었습니다 출 17:11-12. 히브리서에는 ‘피곤한 손을 들라’고 했습니다. 시편 134편에서 시편 기자는 주의 모든 성도에게 이렇게 명합니다. ‘성소를 향하여 너희 손을 들고 여호와를 송축하라.’ 바울은 이것을 디모데전서 2장 8절에서 이렇게 반복합니다. ‘그러므로 각처에서 남자들이 분노와 다툼이 없이 거룩한 손을 들어 기도하기를 원하노라.' 느헤미야서에는 다음과 같은 사례가 나옵니다. '에스라가 위대하신 하나님 여호와를 송축하매 모든 백성이 손을 들고 아멘 아멘 하고 응답하고 몸을 굽혀 얼굴을 땅에 대고 여호와께 경배하니라' 느 8:6. 그러므로 보시다시피 우리가 여기서 조금 더 나아가도 여전히 성경적입니다."

그는 예배가 끝날 때 즈음에 자주 다음과 같이 호소함으로 청중의 마음을 이끌었다.

"자, 누가 하나님께 더 가까이 가고 싶습니까? 누가 특별한 축복을 받기를 원합니까? 하나님을 갈망하는 사람은 모두 일어서십시오. 진정으로 간절히 원하는 사람은 앞으로 나오십시오. 여러분이 한 발짝만 앞으로 나온다면, 그것은 여러분이 진심이라는 것을 보여주는 것입니다. 여러분이 지금 바로 강단으로 올라온다면, 여러분과 함께 기도해드리겠습니다. 그러면 하나님께서 여러분을 만나주실 것입니다."

그러자 사람들은 강단으로 몰려나가곤 했다. 그는 그들에게 이렇게 권면했다.

"누가 믿음으로 손을 들고 하나님께 구하시겠습니까?"

"이제 구한 그것에 대해 하나님께 감사드리세요."

"이제 다시 하나님께 당신의 기도제목을 구하십시오."

"이제 하나님께 감사를 드리세요."

이 믿음의 연습은 수백 명의 사람에게 응답을 가져왔고, 많은 사람이 하나님께 손을 들고 목소리를 높일 때 성령세례를 받았다.

이런 결단의 시간에 그는 확실성과 간결성을 채택하여 일부 사역자들이 천년 동안 얻었을 것보다 사람들을 더욱 발전시키고 단시간에 더 많은 것을 얻을 수 있도록 도왔다. 그는 확실한 믿음이 확실한 체험과 확실한 말을 가져온다고 가르쳤다. 그는 청중에게 장애물을 뛰어넘어 목표에 빠르고 효과적으로 도달하는 법과 목적을 달성하는 방법을 가르쳤다.

구하라! 믿으라! 감사하라!

구도자들 seekers 에 대한 그의 가르침은 대개 매우 간결했다.

"당신이 바라는 것을 구하십시오. 믿고, 하나님으로부터 받으십시오. 그리고 그것에 대해 하나님께 감사하십시오. 만일 당신이 같은 것을 위해 일곱 번 하나님께 구한다면, 여섯 번은 믿지 않은 것입니다."

그것은 그의 명언 중 하나였다.

"당신은 언제든지 당신이 느끼고 싶을 때 당신의 감정을 느낄 수 있습니다. 그러나 느낌은 거짓말쟁이입니다. 이삭은 야곱을 만질 때 에서라고 느꼈으나, 이삭 역시도 속았습니다. 믿음은 느껴지는 감정보다 낫습니다. 만약 당신에게 믿음이 있다면 오히려 그 믿음을 통해 당신은 모든 느낌을 갖게 될 것입니다. 혈루증 여자가 믿음으로 예수님의 옷자락을 만졌을 때, 그녀는 곧 느낌을 갖게 되었고, 자신이 그 질병에서 나은 것을 몸으로 느꼈습니다."

그의 삶은 끊임없는 기도와 찬양의 삶이었고, 모든 말과 일은 예배의 행위였지만, 그는 장기간의 금식과 기도를 하지 않았다. 그는 습관적으로 행하도록 스스로 연습했고, 그의 청중에게도 하나님을 한결같이 믿고 신뢰하는 삶을 살도록 격려하여 그들로 하여금 어떤 경우에도 준비가 되어 있고 어떤 위급한 상황에도 결코 당황하지 않도록 했다.

그에게 "믿기만 하라"는 그리스도의 말씀은 "오직 믿기만 하라"를 의미했다. "믿는 것" 외에 하나님께 나아가 하나님으로부터 응답을 받는 다른 방법들은 그에게 이차적으로 중요했다. 그러나 그는 자신의 사역이 주로 기도 사역에 헌신하는 수많은 사람들에 의해 유지된다는 사실을 깨닫고 진심으로 감사했으며, 그러한 사람들에게 보낸 그의 모든 편지에서 그는 그들의 지속적인 기도 후원을 간청했다.

"설교자는 청중에게 자신이 생각하는 것을 말하지 말고 자신이 알고 있는 것을 말해야 하며, 그들로 하여금 그렇게 생각하도록 해야 한다"라고 그는 말하곤 했다. 그는 설교를 위해 앞에 설 때마다 틀림없이 많은 사람들로 하여금 생각하게 했다. 성경 용어를 사용하는 데 있어서 항상 명확한 것은 아니었다. 결과적으로 의심할 여지가 있는 교리를 가르친다는 비난을 받는 경우도 있었다. 그가 "죽음을 피할 수 없는 운명"mortality 이라는 단어를 사용하자 일부 기독교인들은 그가 "죽을 필요가 없다"는 이론을 가르쳤다고 주장하게 되었다. 사실, 이 가르침의 옹호자들에게는 그들 중 일부가 이 가르침에 대한 성경적 증명을 할 수 있기 때문에 강한 적수가 없었다. 위글스워스는 로마서 8장 11절을 인용하면서 주장하기를, 지금 이 죽을 몸에서 "급증하는 그리스도의 부활 생명을 아는 것"은 영광스럽게도 가능하다고 한 것이다. 그러나 "겉사람은 낡아진다"는 사실을 그보다 더 잘 아는 사람은 없었다.

믿음은 반드시 목적을 달성한다

위글스워스가 어떤 집회에 참석하든지 새로운 것들을 경험하게 되었다. 영적 온도가 올라가고, 새로운 은혜를 바라는 기대감으로 집회장을 가득 채우곤 했다.

"사람은 평범할 수 있지만, 성령으로 충만한 사람은 비범해야 합니다."

사람들은 그에게 평소와 다른, 뭔가 새로운 것을 기대했고, 그들은 실망하지 않았다. 그는 하나님을 믿는 믿음의 능력에 대해 끊임없이 이야기했다. 그는 이렇게 말하곤 했다.

"두려움은 보입니다. 반면, 믿음은 뛰어넘습니다."

"믿음은 반드시 그 목적을 달성합니다. 내가 만일 여러분을 만났다가 그냥 헤어진다면, 나는 하나님의 통로가 아닙니다. 내가 여기 있는 것은 여러분을 즐겁게 해주기 위해서가 아니라 여러분의 불가능을 향해 비웃을 수 있는 자리로 데려가기 위함입니다. 산 자의 땅에서 주의 선하심을 믿고 보도록 돕기 위함입니다."

"믿음의 사람은 항상 좋은 반응을 합니다. 나는 결코 쉬지 않는 불만이 만족하고 또 만족할 때까지 만족합니다."

"우리는 우리의 작은 헤아림을 버려야 합니다. 왜냐하면 하나님의 헤아림은 우리의 헤아림보다 훨씬 더 크시기 때문입니다. 그분의 헤어림은 결코 헤아릴 수 없습니다."

모방할 수 없는 사람

어느 주일에 그는 낯선 도시에 있었다. 그는 예배 처소를 찾던 중 '친구들의 집회소' Friends' Meeting House 퀘이커 교도들의 예배 처소 에 가게 되었다. 그는 한동안 그곳에 있었던 다른 사람들처럼 조용히 앉아 있었다. 그 후에 그의 경험은 시편 기자의 경험과도 같았다.

> 내 마음이 내 속에서 뜨거워서 작은 소리로 읊조릴 때 불이 붙으니 나의 혀로 말하기를 시 39:3

그의 영혼은 불타올랐다. 그가 방금 "무릎 훈련" 대부분의 시간을 무릎을 꿇고 기도하는 구세군의 특별예배 으로 기도를 드렸고, 그의 입술에서 액화같은 불꽃이 흘러나왔기 때문이다. 예배가 끝나자 지도자들은 그의 주위에 모여 감탄을 발하며 이렇게 외쳤다.

"이렇게 신속히 성령의 감동을 받으시다니! 목사님의 비결이 무엇입니까? 우리에게 말씀해주세요."

그들은 그의 무뚝뚝한 대답에 다소 놀랐다.

"글쎄요, 그것은 아시다시피 이렇습니다. 성령께서 나를 감동시키지 않으시면, 내가 성령을 감동시킵니다."

그것은 의심할 여지없이 그가 자신을 표현하는 데 있어서 매우 투박하고 때론 날것의 방법이었다. 그러나 우리는 종종 그가 다음과 같이 말하는 것을 들었다.

"내가 자연적인 상태에서 "믿음으로" 하나님을 구하기 시작할 때, 하나님의 성령께서 항상 나를 만나 주시고 나에게 기름을 부으시지요. 그러므로 내가 성령의 감동이 느껴지지 않는 자연적인 상태에서 시작할 때에도, 여전히 성령 안에서 행합니다."

스미스 위글스워스에 대해 말한다면 그는 독특하고, 독창적이며, 무한한 인물이라고 할 수 있을 것이다. 그는 너무도 신실해서 흉내를 낼 수 없고, 너무도 투명해서 모방할 수 없는 사람이었다. 그의 획기적인 방법들을 따라해 보려는 사람들이 있었지만, 그들은 사울의 갑옷이 다윗에게 어울리지 않았던 것처럼, 엘리사의 지팡이가 게하시에게는 역사하지 않았던 것처럼, 바울이 전한 그리스도 이름으로 귀신을 쫓아내려 했던 제사장 스게와의 일곱 아들에게 끔찍한 일이 드러났던 것처럼, 이러한 모방도 그들에게는 부적절하다는 것을 알았다.

12

탐욕으로부터의 해방

끝까지 재정에 깨끗했던 사람

"돈을 사랑하는 것에 얽매어 살지 말고, 지금 가지고 있는 것으로 만족하십시오"라는 말씀은 히브리서 13장 5절의 표준새번역이다. 스미스 위글스워스는 성경에 있는 다른 모든 말씀을 그대로 믿고 순종하려고 했던 것처럼 이 구절을 믿고 순종했다.

한번은 그가 런던의 유명한 백만장자에게 초청을 받아 이른 아침 함께 하이드파크를 산책했다.

위글스워스가 이렇게 말했다.

"형제님, 나는 세상에서 근심 걱정이 하나도 없습니다. 저 새들처럼 행복하고 자유롭습니다."

하지만 바로 그 순간 그의 주머니에는 집에서 보낸 편지들이 있었는데, 그 내용은 대부분의 사람들의 마음을 두려움과 염려로 가득 채워서 깊은 근심으로 풀이 죽게 만드는 내용들이었다.

“뭐라고요? 다시 말씀해주시겠어요?”

그 백만장자가 되물었다.

그가 똑같이 대답했더니, 백만장자는 이렇게 말했다.

“나도 당신처럼 그런 말을 할 수만 있다면 내가 가진 모든 것을 바칠 것입니다.”

만일 그가 백만장자에게 그의 큰 재정적 필요에 관해 한마디라도 부탁했다면, 그는 편지에서 언급된 필요했던 돈을 다 받을 수 있었을 것이며, 이 부자는 모든 긴급한 필요를 채워주는 것을 특권으로 여겼을 것이다. 그러나 위글스워스는 하나님의 인도하심과 개인의 자유는 어떤 사람에게 재정적으로 묶이는 것보다 훨씬 더 큰 가치가 있다고 생각했다.

너는 뇌물을 받지 말라 뇌물은 밝은 자의 눈을 어둡게 하고 의로운 자의 말을 굽게 하느니라 출 23:8

이 구절은 그가 마음으로 알고 있던 성경 말씀이다. 그의 생애 마지막까지 그는 재정적으로 깨끗했으며 사도행전 20장 33절에 “내가 아무의 은이나 금이나 의복을 탐하지 아니하였고”라고 진실하게 말할 수 있었다.

그는 입을 다물고, 그의 마음을 봉인하고, 사람들 앞에서 미소를 지었지만, 그의 상황은 거인의 등뼈를 부러뜨릴 만큼의 무거운 짐을 져야 하는 상황이었다. 그러나 하나님의 임재 앞에서 그는 모든 짐을 내려놓고, 확신이 올 때까지 하늘을 향해 큰소리로 기도했으며, 그의 모든 필요는 채워졌다.

선교와 하나님의 일에는 돈을 아낌없이!

어떤 교회에서 그를 부흥 집회에 초청하려고 할 때, 그가 내세우는 조건 중 하나는 선교 헌금시간이 한 번 이상은 있어야 한다는 것이었다. 그는 자신을 위해서는 아무것도 요구하지 않고, 먼 지역에서 복음을 전하는 자들을 위해서는 요구하였다. 한번은 그가 우리에게 이렇게 말했다.

"내가 선교비를 보내는 모습을 사진으로 찍어 간직하고 싶습니다. 그때가 바로 내가 정말로 행복해 보일 때죠."

어느 한 부흥 집회 중에 상당한 액수의 돈이 헌금으로 들어왔다. 그는 기부자에 대해 알아봤다. 이 돈을 기부한 사람이 부유하며 그 드린 헌금에 아무런 조건이 없다는 것을 확인했다. 그는 그 돈을 어떤 선교 단체에 사용하도록 보냈다. 후에 그는 그 기부자의 삶에 만족스럽지 못한 상황들이 있다는 것을 알게 되었다. 그래서 그는 자신의 수입이 허락하는 대로 그 기부금 전액을 분할하여 돌려주었다.

그는 사치와 낭비를 싫어했다. 전쟁 기간 동안 소득이 줄고, 생활비가 오르고, 물가가 폭등할 때, 그에게 살림비용을 맡기지 않는 것이 항상 현명한 일로 여겨질 정도였다. 그는 식탁에 있는 음식의 가격이 너무 높다고 생각되면 그 음식에 손을 대지 않았으며, 언제나 그 음식을 그의 눈에서 치워야만 했다.

그는 자신에게는 인색했지만, 다른 사람에게는 절대 인색하지 않았다. 특히 하나님의 일에 관련된 곳에서 더욱 그러했다. 그는 돈 사용에 결코 인색하지 않았지만, 돈은 그의 종이었지 그의 주인이 아니었다. 그는 이렇게 말하곤 했다.

"현명한 사람은 20실링 1971년까지 통용되었던 영국 화폐 단위로 20실링은 1파운드 중 19실링 이상 쓰지 않지만, 어리석은 사람은 20실링을 다 써서 거지가 됩니다."

그의 큰 부흥 집회 중 한 곳에서 마지막 집회를 마칠 무렵, 그는 매우 후한 사례비를 받았고, 중국에서 온 두 명의 선교사를 소개받았다. 그들은 목적지까지 가려면 상당한 돈이 필요했다. 이 사실을 알게 된 그는 그가 받은 사례비, 즉 한 달 동안 열심히 사역해서 받은 사례비 전부를 두 사람에게 건네주었다. 그는 이런 종류의 일을 몇 차례 했다.

선의를 악용하는 사람들

수년 동안 그는 그의 저서, 「날로 증가하는 믿음」 Ever Increasing Faith 에서 나오는 수입의 전액을 여러 나라의 그리스도인 사업과 사역자들을 돕기 위해 헌금했다. 그는 세계 전역으로부터 도움을 호소하는 편지를 받았다. 그리고 그가 도울 수 있는 능력이 있다면 그는 결코 돕는 데 실패하지 않았다.

그러나 그의 관대한 마음을 악용하는 자들도 있었다. 한번은 그가 호주와 뉴질랜드로 가는 길에 미국을 경유해 가게 되었는데, 돌아오는 길에 미국에서 전도부흥집회를 열도록 합의가 되었다. 뉴질랜드에 있는 동안 하나님께서 놀랍도록 그의 성령을 부으셔서 나라 전체가 들썩거렸다. 미국에서 약속된 집회 기간이 가까워질 무렵 뉴질랜드에서의 부흥은 최고조에 이르렀다. 그가 미국의 관계자들로부터 편지를 받았으나 당시에는 뉴질랜드를 떠나기가 어려울 것이라고 답장을 했다. 그 두 나라 사이에 편지와 전보가 계속 오갔지만 미국의 관계자들은 약속된 날짜에 그가 미국에 반드시 와야 한다는 요구를 결코 굽히지 않았다.

수천 명의 뉴질랜드인의 소원을 담아 전보를 보냈음에도, 위글스워스는 어쩔 수 없이 미국으로 한 달 간의 집회를 떠나야만 했다. 그에게 부흥 집회를 요청한 미국의 교회는 한 달 간의 집회에 대한 사례로 그의 왕복 경비와 후한 사랑의 헌금을 주기로 약속했다. 그리고 그들은 그들이 속기速記로 기록한 그의 설교를 인쇄하고 판매할 수 있도록 허가를 요청했다. 그런데 집회 내내 그들은 강력하게 호소하여 그들이 건축하고 있는 새로운 성경학교를 위해 특별헌금을 거두었으며, 교회 직원들은 그에게 와서 그의 왕복 경비 지급 약속을 면제해 달라고 호소했다. 위글스워스는 그들에게 말하기를 그에게 왕복 경비의 돈이 필요하다는 것과, 그들이 강력하게 요구했기 때문에 뉴질랜드에서의 부흥과 후한 사례를 뒤로 하고 이곳에 왔다고 말했다. 하지만 결국 그는 그들이 가하는 압력에 양보하여 왕복 경비 의무를 면제해주었다. 부흥 집회는 끝났고 사람들은 큰 축복을 받았다고 간증했다. 그러나 그 교회 직원들은 그들이 말한 약속을 이행하지 않았다. 그는 재정적으로 더 힘들어졌으나 그 힘든 경험을 통해 많은 것을 깨달은 사람이 되어 그 곳을 떠났다. 잠시 동안 그는 이와 같은 부당한 일이 다시 발생하지 않도록 그를 초청한 교회에게 사례에 대한 부분을 이해하도록 확인했지만 원칙적으로 그럴 필요가 없다는 것을 알게 되었다.

많은 돈에도 흔들리지 않는 단호함

한번은 한 대형교회 목사님이 그에게 말했다.

"목사님, 목사님이 여기 우리와 함께 계신 지 3개월이 되었고 목사님께서 우리 교회의 이 사역을 새롭고 견고한 토대 위에 세워주셨니다. 목사님은 우리를 떠나시면 안 됩니다. 우리 성도들이 요구하기를 어떤 대가를 치르더라도 목사님을 우리 교회에 모셔야 한다고 했습니다. 또 교회 당회에서는 목사님께서 원하시는 액수를 말씀해 달라고 요청했습니다. 목사님께서 우리와 함께 계셔주기만 한다면 목사님이 원하시는 대로 해드리겠습니다."

그 목사님은 계속해서 그가 그 교회에서 사역을 계속해주기만 한다면 천문학적인 액수를 드리겠다고 제시했다. 그러나 위글스워스는 단호하게 대답했다.

"나는 이곳에서 하나님이 나에게 하라고 하신 일을 다 했습니다. 이제는 세상 모든 돈을 다 끌어준다고 해도 나를 붙잡아두지는 못할 것입니다. 목사님의 당회를 모아주십시오. 그러면 내가 목사님과 그들과 함께 기도하고 마지막으로 작별 인사를 드릴 것입니다."

애원하며 눈물을 흘리는 당회원들이 그를 만나 그의 결정을 재고해달라고 간청했으나, 그는 마음을 정한 상태였다. 그는 그들과 함께, 그들을 위해 기도한 후 이렇게 말하면서 그들을 떠났다.

"나는 그 어떤 돈으로도 살 수 없는 평안을 누리고 있습니다. 나는 천국의 미소를 갖고 있으며 그것은 수백만 달러의 가치가 있습니다. 나는 세상의 모든 금을 위해 희생하지 않을 것이라는 하늘의 확증을 받았습니다. 하나님의 기름 부음 아래에서의 1분이 온 세상보다 더욱 귀합니다. 내 머리와 가슴에 있는 하나님의 선한 뜻은 값을 매길 수 없는 보배입니다. 그런 내가 땅의 금을 위해 이것들을 희생하겠습니까? 절대로! 절대로 아닙니다!"

돈이냐, 하나님의 뜻이냐

우리의 그레이트하트는 세계 각지의 많은 부자들의 친구였지만 결코 그 어느 누구에게도 종이 되지 않았다. 그가 돈을 탐했다면, 엄청 부자가 될 수 있었을 것이다. 그러나 우리는 그가 엘리사의 말 왕하 5:26 을 인용하는 것을 종종 들었다.

"지금이 어찌 돈을 받을 때냐?"

한번은 그에게 다음과 같은 제의가 들어왔다. 백만장자 맥주 양조업자가 그의 병든 아내를 위해 세계 최고 전문의들로부터 치료를 받으려 했으나 소용이 없자, 그에게 간청했다. 시간이든 돈이든 상관하지 말고 즉시 와서 자기 아내를 도와달라는 것이었다.

또 어떤 때는 정신적 고통을 당하고 있는 자녀를 둔 부모들이 자녀들의 해방을 위해서 어떤 값이라도 치를 준비가 되어 있으니 도와달라고 말했다. 부유하고, 방탕하고, 육체적으로 망가진 많은 사람들이 그의 도움을 구했다. 그들은 그에게 전보를 치고 편지를 보냈다.

"와 주세요. 돈은 문제 없이 다 드릴테니 비행기로 와 주세요."

그는 이런 모든 금전적인 제안에 귀를 닫았다. 그는 하나님의 뜻에서 벗어나려고 하지 않았다. 만일 정결하다는 것이 가난하다는 것을 의미한다면, 그는 기꺼이 그것을 바랐다.

그는 돈의 가치와 필요성을 알았지만, 또한 돈의 올무도 알고 있었다. 그의 순회 집회를 계획하고 여러 다른 교회에서 전도부흥집회 제안을 받아들일 때, 금전적인 사례는 결코 그의 결정적인 요소가 아니었다. 검토는 불투명할 수 있으며, 약속은 깨질 수 있었다. 그는 이런 것들을 쓰라린 경험을 통해 알았다. 그러나 그는 하나님을 최우선으로 삼음으로써 하나님의 모든 자원을 마음대로 사용할 수 있음을 증명했다.

보물을 하늘에 쌓는 믿음

위글스워스는 항상 이 성경 말씀을 마음에 새겼다.

오직 선을 행함과 서로 나누어 주기를 잊지 말라 하나님은 이같은 제사를 기뻐하시느니라 히 13:16

그가 1923년에 미주리주 스프링필드를 방문했을 때, 그는 우리 집 이 책의 저자의 집 에 머물렀다. 그 당시 아내와 나는 과도한 돈의 부채는 없었다. 하지만 그는 우리가 다소 초라한 옷차림을 하고, 그 당시 우리의 수입이 적은 것을 눈여겨보았음이 틀림없었다. 그가 우리를 시내로 데려가서 나에게는 새 양복과 모자를, 그리고 아내에게는 새 옷을 사주었기 때문이다. 그는 자신이 사랑하는 두 사람에게 이런 친절을 베풀 수 있다는 사실에 너무나 기뻐서 어쩔 줄을 몰라 했다. 내가 기억하기로는 그가 요셉처럼 한 가게에서 울 곳을 찾았다. 그는 점원이 그가 우는 것을 눈치채지 않도록 가게의 한쪽 어두운 구석에서 많은 눈물을 닦았다.

그는 사람들이 하나님의 일에 헌금할 때 많이 헌신할 수 있도록 모든 기회를 이용했다. 오순절 대회 집회 중에 런던의 대형 강당에서 꽉 찬 청중 앞에 서서, 그는 이렇게 발표했다.

"오늘은 나의 생일입니다. 70세 생일이죠. 여러분 중 많은 사람이 나를 사랑하고 내게 생일 선물을 주고 싶어 하신다는 것을 압니다. 여러분 중에는 며칠 동안 이 도시에 머물기 위해 오신 분들이 계십니다. 여기 계신 여자분들은 필요한 것보다 더 많은 드레스와 모자를 갖고 있으며, 그것들로도 충분히 오래 입을 수 있습니다. 그리고 남자분들도 역시 가지고 계신 옷이면 충분합니다. 여러분 모두 돈을 모아서 그것을 하나님께 생일 헌금으로 드리십시오. 우리는 그 헌금을 전 세계 선교사역을 위해 사용할 것입니다."

청중은 미소로 화답하며 기록적인 헌금을 했다. 그것은 해외에서의 하나님의 일에 때 맞춰 시의적절한 축복이었다. 위글스워스에게 주는 것 giving 은 언제나 받는 것 receiving 보다 더 복이 있었다. 그는 보물을 하늘에 쌓는 믿음을 설교하고 실천했다.

그가 본향으로 간 후에, 호주 멜버른의 한 친구가 이렇게 썼다.

"나는 1908년 선덜랜드에서 있었던 첫 번째 집회를 결코 잊을 수 없습니다. 그때 해외 선교사들을 위해 헌금이 드려졌습니다. 드려진 금액은 70파운드 그 당시 약 350달러 정도였습니다. 총액이 발표되자 박수가 터졌습니다. 그러나 위글스워스는 너무 적은 헌금에 실망했고, 눈물을 흘리며 일어나서 책망하듯이 말했습니다."

'여러분, 오순절에 70파운드라니요!'

"약 26년 전 나는 브래드포드에서 열린 그의 집회에 참석했는데 선교 헌금이 약 1,200파운드 6,000달러 였습니다. 그 이듬해에는 1,350파운드 6,750달러 의 헌금이 드려졌습니다."

13

위대한 믿음의 싸움

큰 믿음이란?

사무엘하 23장 8-12절에는 다윗의 용사 세 사람의 공적이 간략하게 요약되어 있다. 아디노는 창을 들어 800명을 단번에 쳐 죽였다. 엘르아살은 블레셋에 저항했다. 그는 손이 피곤하여 그의 손이 칼에 붙기까지 그들을 쳤다. 그 결과 이스라엘은 큰 승리를 얻었고 많은 전리품을 얻었다. 삼마는 이방인들로 가득한 땅 한가운데 서서 그 땅을 지켰다. 그가 용감하게 저항한 결과로, 공격하던 블레셋 사람들은 죽임을 당했고 주께서 큰 승리를 얻게 하셨다. 우리의 그레이트하트가 믿음의 선한 싸움을 싸운 것은 이들 세 용사의 싸움과 같은 맥락이었다.

모든 사람들의 보편적인 질문 "우리가 어떻게 하면 큰 믿음을 가질 수 있습니까?"에 대해 그는 이렇게 대답하곤 했다.

"큰 믿음은 큰 싸움의 산물입니다. 큰 간증은 큰 시험의 결과입니다. 큰 승리는 큰 시련에서만 나올 수 있습니다."

많은 나라에서 최고의 군사 훈장이 "십자가"로 상징된다는 것은 의미가 있다. 그것은 가장 위대한 갈등과 가장 위대한 승리의 상징인 것이다.

자신의 질병에 침노하는 믿음을 행하다

그리스도가 오늘날 병든 자들을 고치신다는 진리에 이의를 제기하는 사람들이 많다. 그러나 우리의 그레이트하트는 그의 설교와 실천의 기반을 두 가지 진리, 즉, "그리스도는 여전히 동일하시다"는 진리와 변치 않으시는 주님께서 모든 병든 자들과 가난한 자들에게 여전히 "나는 너희를 치료하는 여호와다"라고 말씀하시는 진리에 두었다.

그의 절친한 친구 중 하나인 토머스 마이어스코프[1] Thomas Myerscough(1858–1932) 는 다음의 말에 책임을 졌다.

"체험이 있는 사람은 단지 주장만 하는 사람에게 좌우되지 않습니다."

우리의 그레이트하트는 주님의 치유를 직접 개인적으로 체험함으로써 이 진리에 대한 반석 같은 배경을 가지고 있었다. 그리고 그가 사역한 수천 명의 사람들에게 주님으로부터 치유가 흘러나가는

1 토머스 마이어스코프: 1909년 성령세례를 받고 영국 오순절교회의 초기 발전에 주도적 역할을 한 인물.

것을 목격했다. 주님은 그가 경험한 여러 시험과 시련을 통과하게 하셨고, 그는 자주 이렇게 간증했다.

"하나님께서는 반복적으로 그의 로드 롤러 road roller; 무거운 철제 바퀴로 아스팔트를 단단하게 굳히는 중장비 를 나에게 보내셔서 나를 납작하게 만들어 주셨습니다. 그러나 그분께서는 나를 한 번도 바닥에 내버려 둔 적이 없습니다."

이 책의 1장에서 우리는 위글스워스가 죽어가는 상황에서 그가 기도로 끝까지 이겨낼 때, 하나님께서 한 열성적인 젊은이를 보내셔서 주먹으로 명치 깊숙이 찔러 넣어 어떻게 그를 그의 맹장염에서 치유하셨는가를 말한 바 있다. 그가 끝까지 기도하여 그 죽어가는 가운데 해방과 치유를 얻은 것이다. 우리는 또한 그가 오래되어 중증의 치질, 곧 흔히 출혈성 치질이라고 불리는 상태에서 해방된 이야기를 한 바 있다. 이때 주님이 그에게 주신 성경 말씀은 이러했다.

> 세례 요한의 때부터 지금까지 천국은 침노를 당하나니 침노하는 자는 빼앗느니라 마 11:12

그는 이 말씀을 자신의 몸의 이 시련을 극복하기 위해 침노하는 믿음을 행사하라는 부르심으로 해석했다. 그때 그는 말 그대로 은혜의 보좌를 맹공하여 천국을 침노하여 빼앗았다. 훗날 귀신에 잡힌 자를 위한 그의 기도는 거룩한 침노로 특징짓는 것으로 묘사되었다.

그리고 그는 "흉악의 결박을 풀어주며 멍에의 줄을 끌러주며 압제당하는 자를 자유하게 하기 위한" 이사야 58장의 금식을 이행하려고 힘썼다. 그의 태도는 새끼 고양이를 쓰다듬는 어린아이의 태도가 아니라 용의 입에서 먹이를 뜯어내는 자의 태도였다.

육체적 시험을 겪었던 그의 70대

위글스워스의 인생 후반에 그는 세 번의 엄청난 육체적 시험을 겪었다. 그 중 첫 번째는 그가 본향으로 가기 약 15년 전에 시작되었는데, 그것은 그의 기적적인 믿음과 강인함의 기록이었다.

그가 아는 의사에게 갔더니, 의사가 이렇게 말했다.

"위글스워스 씨, 당신의 상태를 보여주는 엑스레이 사진을 봤는데 그 보고가 매우 심각해요. 신장 결석이 벌써 많이 진행된 상태입니다. 제 충고를 받아들인다면, 가능한 빨리 수술을 받으십시오. 그것이야말로 고통스러운 질병으로부터 당신을 구할 수 있는 유일한 방법입니다. 결국에는 이 결석이 당신을 죽일 것입니다. 내가 병원에 전화해서 즉시 병상bed을 잡도록 하겠습니다."

의사의 간절한 얼굴을 바라보며 그가 말했다.

"의사 선생님, 이 몸을 만드신 하나님께서 이 몸을 치료하실 수 있습니다. 내가 살아 있는 한, 내 몸에 칼을 대지 못합니다."

"이 결석은 어떻게 하시고요?"

"하나님이 처리하실 겁니다."

"글쎄요, 만약 그런 일이 생긴다면, 저도 그것을 보고 싶군요."

"그렇게 하세요"라고 위글스워스 목사가 문을 나서면서 말했다.

통증이 심해지고 밤낮으로 국소적인 자극이 나타났다. 그의 방의 편리한 곳에 그가 사용할 수 있는 그릇이 하나 놓여졌다. 유난히 힘든 하루를 보낸 후, 그의 딸이 이 그릇을 비우러 들어갔는데 그릇 바닥에 두꺼운 회색 침전물이 있는 것을 발견했다. 그 안에는 가장자리가 거칠고 부서지기 쉬운, 견과류 껍질 같은 물질이 있었다. 그런 물질이 신장 작용에 전달되는 것은 극심한 고통을 초래했음이 틀림없었다. 이것을 그에게 보여주자, 그가 이렇게 말했다.

"이제 질병의 끝이 시작되었네. 주님께서 수술하셨다."

그의 말대로 시작은 되었지만 그 끝은 멀리 있었다. 그가 마지막 결석結石을 게워 내기까지는 수년간의 고통을 겪어야 했다. 그가 그의 몸에서 나온 것을 의사에게 보여줬더니, 의사는 신장에서 그런 것을 배출할 수 있었다는 것은 기적임을 인정해야 했다. 그가 그 결석들을 배출시키려고 몸부림치며 많은 양의 피를 흘리면서도 조금도 쉬지 않고 사역을 계속했을 때, 통증 때문에 온몸이 떨리는데도 불구하고 그는 어떻게 그토록 끊임없는 고통을 견뎌내었는가는 그의 싸움에 대해 아는 자들에게 경악스러운 일이었다.

어느 날 그는 몇몇 아픈 사람들을 위해 기도하려고 그의 집에서 상당히 멀리 떨어져 있는 맨 섬Isle of Man으로 출발하기 위해 침대에서 일어났다. 그것은 그가 추운 겨울 날씨에 몇 시간의 험난한 항해를 해야 하는 외항선에 탑승하기까지 3시간의 기차여행이 기다리고 있다는 것을 의미했다. 그가 그 섬에 도착하자 한 간호사 친척이 그를 만나 뜨거운 물병을 가지고 침대로 가서 쉬라고 간청했다. 그가 매우 아팠기 때문이다. 그러나 그는 병든 자들에게 치유와 해방 사역을 할 때까지 그 섬에 머물렀다. 그는 몸 안에서 움직이는 결석들과 싸우며 너무 많은 피를 흘렸으므로 그의 얼굴이 핼쑥해졌고, 그의 몸의 보온을 위해 두꺼운 담요로 몸을 감싸야만 했다.

시련과 고통 속에서도 하나님의 목적을 이루다

후에 위글스워스는 그의 사위와 함께 스웨덴과 노르웨이를 장기간 방문했다. 그는 결석을 배출하기 위해 통증 때문에 바닥을 뒹굴며 몸부림치며 밤새도록 침대를 들락거렸다. 하지만 그는 그런 고통 속에서도 일어나 매일 두 번 병자들을 위해 사역했다. 스톡홀름의 대형 필라델피아 교회에서 병자들을 위한 사역은 유난히도 힘들었다. 어느 날 집회가 끝날 무렵, 레위 페트루스 Lewi Pethrus 목사가 밤 집회에 800여 명 참석했다고 말했다. 그가 주 예수 그리스도의 이름으로 사람들을 섬길 때 사역할 때 치유의 기적이 일어났다. 하지만 그는 그가 기도해준 사람들보다 더 병들어 있었고, 자신은 어떤 위로도 받지 못했다. "그는 육신이 연약한 가운데 사역했다"라고 진실로 말할 수 있을 것이다.

스위스에서 그는 불꽃처럼 교회들을 방문했다. 부흥이 그의 사역에 뒤따랐다. 영혼들이 구원받고, 온갖 종류의 질병이 치유되었으며, 대형 집회장은 가득찼고, 사람들은 축복을 받았다. 그러나 그가 그의 인생에서 가장 큰 시험을 통과하고 있다는 것을 아는 사람은 거의 없었다. 그는 반석처럼 모든 것 위에 우뚝 솟아 있었다.

미국에서의 사역에서 그는 가장 큰 집회장을 가득 채우고, 기록적인 많은 군중에게 사역하고, 수천 명의 사람들을 위해 기도해줬지만 시련은 계속되었다. 그의 사위와 딸은 그를 자주 침대에 남겨두어야 했다. 집회가 시작되면 그는 침대에서 일어나 교회로 가서 병자들을 위해 설교하고 기도한 다음 침대로 다시 돌아오곤 했다. 때때로 그는 집회장에서도 가능한 한 오랫동안 고통을 참고 난 후 강단에서 뛰쳐나가 휴식할 장소를 찾았지만, 이내 다시 돌아와서 예배를 계속했다.

그의 사위 제임스 솔터는 이렇게 증언한다.

“우리가 그와 함께 지내며, 당시 자주 그랬듯이 그와 침실을 공유하면서, 우리는 그의 불같은 설교와 병자들에 대한 긍휼 사역에서 그의 꺼질 줄 모르는 열정에 놀랐습니다. 나는 그가 어떤 일에도 집회에 결석한 것을 본 기억이 없습니다. 가끔은 그가 집회에 나가서 설교를 다른 사람에게 맡겨야 할 때가 있었긴 했지만 말입니다. 우리는 아마도 다른 어떤 사람도 알지 못했던 그를 알고, 가장 친밀한 조건에서 함께 지내고, 서로의 비밀을 공유하며, 그를 인간적으로나 영적으로 평가할 수 있는 모든 기회를 가졌습니다. 그 기간 그의 투

쟁에 대한 답은 그가 소유하고 있던 강철의 의지와 체질 속에서 찾을 수 없습니다. 왜냐하면 나는 그런 것들이 비교적 덜한 시험에도 무너지는 것을 보았기 때문입니다. 그는 단지 그러한 고통을 견디기만 한 것이 아니라 그 고통이 하나님의 목적을 이루게 했고, 그 안에서 영광을 얻도록 했습니다."

"그에게는 그가 고통 가운데 배출시킨 많은 결석을 보관한 유리병이 있었는데, 마침내 결석은 수백 개가 되었습니다. 적어도 6년간의 시험 끝에 그는 불로 연단된 믿음을 그 어느때보다 확고히 하고, 하나님에 대한 흔들리지 않고 새롭게 된 신뢰로 나타났습니다. 그는 욥처럼 하나님께서 마귀에게 자랑하고 싶어 하는 사람이 되기를 열망했습니다. 그의 시련의 전 기간 내내 그의 확신은 욥의 말에 잘 나타나 있었습니다."

> 그러나 내가 가는 길을 그가 아시나니 그가 나를 단련하신 후에는 내가 순금같이 되어 나오리라 내 발이 그의 걸음을 바로 따랐으며 내가 그의 길을 지켜 치우치지 아니하였고 욥 23:10-11

가장 힘들었던 전도여행

1937년에 우리의 그레이트하트는 남아프리카를 방문했다. 그는 그것이 그의 생애에서 만난 가장 힘든 여행이었다고 자주 말했다. 그가 영국을 떠날 때 건강이 좋지 않았다. 통증이 심한 데도 배에 올랐다. 항해하는 대부분의 시간 동안 그는 좌골 신경통에 몹시 시달렸다. 때때로 걷는 것이 극도로 고통스러웠다. 이런 어려움에도 불구하고, 그의 방문 초기 전도부흥집회는 하나님의 풍성한 축복을 받았으며 그의 영혼 구원과 치유 사역의 결과는 오늘날에도 존속하고 있다.

그의 저서, 「날로 증가하는 믿음」 Ever Increasing Faith 을 읽고 큰 은혜를 받은 한 사람이 널찍한 자동차를 구매하여 그가 남아프리카에 있는 동안 내내 그를 모시고 다녔다. 이것은 여러 면에서 큰 축복이었다. 다른 측면에서는 부족함도 있었다. 이번 여행에는 그의 딸도 함께 있었고, 그의 사위는 벨기에령 콩고에서 내려와 몇 주 동안 그와 함께 동행했다.

어느 날 밤, 유난히 힘든 집회를 마치고 나서 솔터가 그를 잠자리에 들도록 돕고 있었는데, 그때 그는 침실 문을 잠그고 자신이 심한 탈장에 걸렸다는 사실을 알렸다. 그는 자동차를 타고 내리기 때문이라고 말했다. 그것이 그의 몸을 최악의 상태에 이르게 했을 수도 있지만, 그가 설교와 치유 예배 중에 높은 강단을 뛰어내리기도 했었고, 78세의 사람에게 이런 행동은 분명 위험하기 짝이 없었다. 그러나 그는 전도여행을 다 마쳤고, 그의 상태는 오직 그의 사위와 딸에게만 알려진 일이었다.

그 전도여행에 대해서 솔터는 이렇게 말한다.

"그가 어떻게 사역하고 설교했는지! 대형 집회장에서 집회가 여러 차례 있었고, 골이 파인 울퉁불퉁한 비포장 도로를 수천 마일 여행해서 설교하고, 흑인과 백인 병자를 위해 기도했으며, 아프리카의 특이한 음식을 먹고, 뜨거운 태양 아래서 땀을 흘리면서도 그는 결코 몸을 사리지 않았습니다. 그는 그의 몸이 심한 탈장에 걸린 사람처럼 행동하지 않았어요. 그것은 하나님과 그가 공유하고 극복했던 또 다른 비밀이었습니다."

본향으로 가는 날까지도 변함없이

1944년 가을, 그는 또 한 번 극심한 육체적 시험을 겪었다. 당시 그의 나이는 85세였다. 그는 평소 하던 대로 그가 사는 집 근처 공원에 앉아 있었다. 그러나 그가 정오에 집에 왔을 때 그의 얼굴이 일그러져 있었고, 몸 한쪽을 거의 사용하지 못하는 것이 발견되었다. 그는 얼굴에 미소를 지었지만, 그가 말할 때도 영향을 받았다. 그는 약간의 음식을 먹었고, 그의 사랑하는 가족들이 그를 침대로 모셨다. 그날 하루 남은 시간 동안 그는 반半 의식 상태였다. 밤이 되자 그의 아들은 의사가 와서 상태를 살펴봐야 한다고 느꼈다. 이전에 수술을 권했던 그 의사가 그를 진찰했다. 그러나 위글스워스는 의사에게 간청했다.

"나를 그냥 놔두고 가세요."

의사는 그가 분개한 것으로 생각했지만 그는 실제로 너무 아파서 무슨 말을 하는지 알지 못했고, 심지어는 그 의사도 알아보지 못했다. 의사는 그 병을 진단하고 가족들에게 말했다.

"그가 일사병에 걸렸으니, 하루 이틀은 침대에 계속 누워 있게 하세요."

그리고 의사는 그의 사위 솔터를 따로 불러내어 말했다.

"그는 이 상황을 극복하지 못할 수도 있습니다. 언제 떠나도 이상하지 않은 상태에요. 잠자다가 가실 수도 있어요."

그러나 그는 하루 이틀 침대에 누워 있다가 일어났다. 그가 첫 번째로 한 일은 그 의사에게 찾아간 일이었다. 의사에게 가서 자신이 무슨 행동을 하는지, 무슨 말을 하는지 알지 못했나고 실명하면서 그에게 사과했다. 그러나 그의 몸은 심하게 흔들리고 손과 발이 불안정했다. 실제로 그는 한두 번 크게 넘어지기도 했다.

그의 사랑하는 가족들이 겨울 내내 그를 간호했고, 이듬해 초에 그의 심신에 기적적인 손길이 임했다. 그는 이제껏 쓰지 못한 자신의 편지를 쓰기 시작했고 평소처럼 돌아다니기 시작했다. 하나님께서는 그를 로마서 말씀으로 살아나게 하셨다.

> 예수를 죽은 자 가운데서 살리신 이의 영이 너희 안에 거하시면 그리스도 예수를 죽은 자 가운데서 살리신 이가 너희 안에 거하시는 그의 영으로 말미암아 너희 죽을 몸도 살리시리라 롬 8:11

그의 말과 편지는 이 메시지로 가득했다. 그는 완전히 활력을 되

찾았고 출판을 위해 자신의 치유 이야기를 썼다. 부활절이 다가오자 그는 영국에서 가장 중요한 부활절 집회 중 하나인 프레스톤 집회 Preston Convention 회장으로서 늘 하던 자리로 나아갔다. 그는 간증을 시작하기 전에 개회 예배에서 처음 몇 곡의 찬송을 부를 때까지 기다릴 수 없었다. 로마서 8장 11절이 집회 내내 그의 시리즈 본문이자 주제였다. 그리고 이 새로운 생명을 증언하는 그의 간증은 전체 집회 내내 모든 예배에 활력을 불어넣었다. 다시 우리는 그의 친숙한 표현을 들었다.

"내가 육체를 입고 있는지 모르겠네요!"

그는 본향으로 가는 날까지 이 영적이고 육체적인 빛 가운데 계속 살았다.

5부

열매

14

기쁨의 삶

스미스 위글스워스는 종종 이렇게 말했다.

"나보다 인생에서 더 많은 것을 얻는 사람은 없습니다. 대부분 사람이 한 달 동안 얻는 것보다 1분 동안 더 많은 것을 얻습니다."

그의 소박한 즐거움을 즐기는 모습이 성인이 된 남학생을 떠올리게 했다. 그는 삼림지대를 돌아다니길 좋아했다. 그는 고향의 모든 새와 그들의 노래를 알고 있었다. 어느 날 그의 장남이 그에게 말했다.

"아버지, 종달새 둥지에서 어린 뻐꾸기를 발견했어요. 바로 길가에 있던데요."

즉시 그는 차를 몰고 나가서 그 새를 보고 싶어 했다. 그는 작은 둥지에 있는 어린 새가 소리가 들릴 때마다 입을 벌리는 것을 지켜보면서 얼마나 매료되었는지! 그 모습은 그에게 이 성경 구절을 생각나게 해주었다.

네 입을 크게 열라 내가 채우리라 시 81:10

그는 제비꽃과 원초꽃, 블루벨과 고향의 헤더 낮은 황야 지대에 자라나는 야생화 를 즐겼다.

제임스 솔터는 시골에서 그와 함께 보낸 하루에 대해 이렇게 말한다.

이것이 건강이고 인생이다!

기다란 비탈을 오른 후에 우리는 수 마일에 걸쳐 멋지게 펼쳐진 황무지에 이르렀습니다. 멀리 눈이 미치는 데까지 땅은 최대한 호화로운 자줏빛 헤더로 덮여 있었습니다. 태양은 눈부시게 빛났고, 새들은 날아오르며 노래하고, 모든 자연이 휴가 분위기에 휩싸인 것 같았습니다. 공기는 향기로웠지요. 스미스 위글스워스는 그의 특유한 방식으로 팔을 들고, 어깨는 뒤로 젖힌 다음 심호흡을 하면서 감탄하며 외쳤습니다.

"이것이 건강이고, 이것이 인생이야!"

지나가던 한 노인이 걸음을 멈추고 이런 터무니없는 행동을 바라보았습니다. 위글스워스가 그 노인을 보고 이렇게 말했습니다.

"여기야말로 살기에 얼마나 멋진 곳인지요! 여기서는 사람들이 죽지도 못하죠!"

그러자 그 노인은 눈을 반짝이며 이렇게 말했습니다.

"한 번뿐이죠, 한 번뿐이요!"

흐르는 물이 그에겐 마음을 달래주는 노래와 같았습니다. 그는 '나는 졸졸 흐르는 이 시냇물이 내려다보이는 침실에서 하룻밤을 보내고 싶다'라고 말하곤 했습니다. 그는 아름다운 개울가 뚝에 앉아 다시 소년이 되었습니다. 한 시골 소년이 송어를 잡아 그에게 보여주려고 물에서 들어올리는 것을 보며, 종달새와 홍방울새와 함께 노래를 부르고, 어린 토끼들과 장난치며 놀았습니다.

그의 휴일은 거룩한 날이었습니다. 그는 편안히 쉬었지만 자신이 그토록 사랑했던 일, 영혼들을 그리스도께로 인도하는 일에서 결코 물러서지 않았습니다. 그와 그의 아내가 둘 다 젊은 시절에 스코틀랜드로 자전거 여행을 떠났습니다. 그들이 지나간 도시 중 한 곳에서 야외 복음 집회가 진행 중이었습니다. 야외 집회는 위글스워스 부인에겐 언제나 기쁨이었지요. 그래서 그녀는 둘러앉은 사람들 안으로 들어가서 잠시 설교했습니다. 그 도시의 시장이 그녀의 설교를 듣고 그녀가 전도자라는 것을 알자, 즉시 일주일간의 특별 집회를 마련했습니다. 밤에는 영혼을 구원하는 축복된 예배를 드렸습니다. 낮에는 스미스 위글스워스가 스코틀랜드에서 가장 높은 산 중 하나를 오를 기회가 생겼습니다. 산에서 집으로 돌아오기 전에 그는 세 사람을 전도해 주님께로 인도할 수 있었습니다.

그는 항상 노스 웨일스 North Wales 를 특별히 좋아했습니다. 심지어 그가 나이가 지긋했을 때도, 스노든 산 Snowdon, 1085미터 정상까지 걸어갔다가 다시 내려오는 것이 기쁨이었습니다. 젊은 사람들에게도 대단한 일이죠. 왜냐하면 그것은 영국 제도 British Isle 에서 가장 높은 산이기 때문입니다. 그가 그런 고도에서 해돋이를 보는 것을 얼마나 기뻐했는지!

한번은 위글스워스와 그의 딸이 노스 웨일스를 자전거로 여행할 준비를 했습니다. 1905년의 웨일스 부흥[1] Welsh revival 의 날이었죠. 어느 날 건물에 들어가기에는 너무도 많은 무리를 따라 그들은 넓은 들판으로 들어갔습니다. 그 집회에는 눈에 보이는 지도자가 없었지만, 하나님의 성령이 임재하고 있었습니다. 찬송과 합창의 노래가 기도와 합해졌습니다. 모두가 자신의 마음의 감정을 어떤 적절한 방법으로 표현해야 할지 몰두하고 있는 것 같았습니다. 시작도 없었고 끝도 없었습니다. 집회는 무한히 계속될 것처럼 보였습니다.

엘리스와 위글스워스

스미스 위글스워스는 그 집회의 거룩한 영적 분위기를 즐겼습니다. 그리고 잠시 후 그는 딸에게 말했습니다.

"뭘 좀 먹으러 가자. 이 길을 따라가면 우리를 어딘가로 인도할 거야."

그 길을 따라갔더니 농장 여주인을 만났는데, 매우 바쁘게 움직이고 있었습니다. 위글스워스가 그 농장 주인에게 물었습니다.

1 웨일스 부흥: 1904-1905 웨일스 부흥은 20세기 최대의 기독교 부흥 운동으로 영국, 스칸디나비아, 유럽, 북미, 남미, 인도, 아프리카에까지 영향을 미쳤다.

"우리에게 먹을 것이 있는데, 혹시 마실 것 좀 주실 수 있나요?"

"물론이죠, 그런데 이 꼴로 손님을 맞이해서 죄송해요. 요즘 우리는 할 수 있는 모든 시간을 부흥회로 보내고 있기 때문에 꼭 필요한 일만 합니다. 물론 우리는 우유를 짜고, 소를 먹이며, 닭을 돌봐야 합니다. 그래서 우리는 먹을 것에 별로 신경 쓰지 않고 있어요."

그녀는 그들이 마실 차를 준비하기 시작했습니다.

"당신은 구원받았습니까?" 위글스워스가 그녀에게 물었습니다.

"글쎄요, 이반 로버츠[2] Evan Roberts(1878-1951) 가 말하는 방식과는 달라요. 우리는 감리교인이거든요."

"그래요? 당신도 구원받을 수 있습니다. 사람들이 구원받을 수 있는 유일한 방법은 주 예수 그리스도를 믿음으로 받는 것입니다."

그가 신약성경 로마서 10장 9절을 펴서 그 여인에게 읽어줬습니다.

'네가 만일 네 입으로 예수를 주로 시인하며 또 하나님께서 그를 죽은 자 가운데서 살리신 것을 네 마음에 믿으면 구원을 받으리라.'

"이것이 사람들이 구원받고 거듭나는 방법입니다"라고 그가 설명했습니다. 그는 그 여인을 주 예수께로 인도하는 기쁨을 누렸습니다. 배를 타고 노스 웨일스를 떠나 리버풀을 향할 때, 그와 그의 딸은 두 사람을 그들의 구주께로 인도하는 기쁨을 가졌습니다.

2 이반 로버츠: 1904-1905 웨일스 부흥의 주역.

캘리포니아에 있을 때 요세미티 계곡 Yosemite Valley 을 방문하는 일은 언제나 그의 기쁨이었다. 매일 밤 큰 모닥불이 피워지고, 매일 밤 9시 정각에 "불을 떨어뜨리라"는 목소리가 울려 퍼진다. 그러면 약 1천 피트 약 304미터 높이의 바위에서 활활 타오르는 목재가 옆으로 밀쳐지고 불길이 폭포처럼 내린다. 솔터가 이렇게 말했다.

자연에서 얻는 영적 영감

우리는 위글스워스가 가장 큰 소리로 "할렐루야"를 외치는 것을 수천 명의 사람과 함께 목격하고 들었습니다. 얼마나 우렁찬 메아리가 계곡에 울려 퍼지고 청중들에게 얼마나 놀라운 충격을 주었던지! 불이 떨어지는 광경은 그의 영혼을 깊은 곳까지 자극했고, 그는 그 장면을 결코 잊지 못했습니다.

우리의 기억에 남아 있는 또 하나의 사건은 우리가 헨델의 걸작 '메시아'를 들었을 때였습니다. 오라토리오[3] oratorio 는 청중을 일어서게 하는 할렐루야 합창으로 절정에 달했습니다. 합창단이 마지막 음을 마치자, 그가 목소리를 높여 황홀한 "할렐루야"를 외쳤는데 그 목소리는 홀을 가득 채우고 서까래를 울리게 했습니다. 한 기자가 다음 날 신문에 기사를 썼는

3 오라토리오: 16세기 무렵에 로마에서 시작한 종교 음악. 성경의 장면을 음악과 함께 연출한 교회극에서 발달하여 오페라의 요소를 가미한 영창, 중창, 합창, 관현악으로 연주한다.

데, 이렇게 평했습니다. '내 생애 그런 음성을 들어본 적이 없었다!'

사람과 장소, 그림에 대한 그의 즐거움은 끝이 없었습니다. 여러 다른 나라에서 전도여행 할 때 그는 항상 주요 명소를 볼 기회를 이용했습니다. 그가 본 것 중 두 가지가 항상 그에게 커다란 영적 영감을 주었습니다. 하나는 나이아가라 Niagara 폭포였고, 또 하나는 스위스의 트뤼멜바흐 Trummelbach 동굴 폭포였습니다. 이 두 개의 장엄하고 세차게 쏟아지는 물줄기를 바라보면서, 그는 두 눈에서 눈물이 줄줄 흐르는 가운데 이렇게 간구했습니다.

"저것입니다! 나의 하나님, 저것과 같이 내 안에서도! 저것과 같이 나의 마음 속 가장 깊은 곳에서 광대하고 빠른 생수의 강물이 흐르게 하소서!"

보통은 그가 나이아가라 폭포를 방문한 후에 뉴욕으로 가서 마지막 미국 전도부흥집회를 열었는데, 그는 항상 청중에게 '나이아가라 폭포와 같은 그런' 체험을 받으라고 촉구하곤 했습니다.

이 자연의 걸작들의 광경은 마치 거문고를 타는 자의 음악이 엘리사에게 영향을 준 것처럼 그에게 영향을 주었습니다. 그의 영혼을 더욱 빛나게 했고, 그의 영을 기도와 찬양의 향으로 불타오르게 했습니다. 나는 그가 온전히 맡겨드린 자유의 영혼이 되어 물아일체로 춤추는 것을 보았습니다. 그의 손이 저절로 올라가서 하나님을 경배했으며, 전염될 것만 같은 환희의 도가니에 빠져들곤 했습니다. 그는 두 뺨에 눈물을 흘리며 변함없이 '형제들이여, 기도합시다'라고 말하곤 했습니다. 그는 모든 장소를 벧

엘로 만들고, 모든 사람들을 살아계신 하나님을 경배하는 자들로 만들었습니다.

그의 기쁨은 끝까지 계속되었으며 그는 이렇게 말하곤 했습니다.

"나는 후회가 없습니다. 나는 돌이키고 싶은 일이 하나도 없습니다."

크리스마스나 그의 생일이 돌아오면, 사람들이 그에게 어떤 선물을 받고 싶은지 물을 때, 그는 이렇게 답하곤 했습니다.

"이 세상에 내가 원하는 것은 단 하나도 없습니다. 나는 필요한 모든 것을 가지고 있습니다."

그는 기독교 사역의 전반을 완수했습니다. 어느 항목 하나도 빠뜨린 것이 없으며, 하나님을 위해 불타는 삶을 살았고, 다른 사람들의 삶에 불을 붙였으며, 마치 짐을 가득 실은 배가 항구에 들어가듯 성령의 이끄심을 받아 천국에 들어가고자 움직였습니다. 그는 '그의 달려갈 길'을 마쳤습니다. 그가 가르치고 실천한 믿음을 그가 얼마나 열성적으로 지켰는지! 그는 의심하며 살기보다는 신뢰하며 죽는 게 더 낫다고 생각했습니다. 치유의 간증 중 하나님과 의사와 수술과 약이 그 공로를 함께 하는 간증들은 항상 그의 전폭적인 찬성을 얻지 못했습니다.

그의 사역 정신은 거룩한 변화산의 정신이었습니다. 거기서 장막 세 개가 언급될 때 두 사람은 물러갔고, 구름에서 소리가 나기를 "이는 내 사랑하는 아들이요 … 너희는 그의 말을 들으라"라고 했습니다. 그리고 갑자기 그들이 주위를 둘러보았을 때, 예수 외에는 아무도 없었고 오직 그들뿐이었습니다.

그는 오직 하나님만 모든 영광을 받으셔야 한다는 점을 굉장히 소중하게 여겼습니다. 만일 예수님이 거기에 임재하시거나 그 안에 계시다면, 다른 사람을 허용하기에는 어떤 산도 충분히 크지 않으며, 어떤 환경도 충분히 넓지 않았습니다.

그에게 있어 믿음을 순전하게 지키고, 하나님의 인정하는 미소의 햇볕 아래 사는 것은 욥의 태도를 지니는 것을 의미했습니다. 그는 이렇게 말했습니다. "그가 나를 죽일지라도, 나는 그를 신뢰하겠다"

그리고 느부갓네살에게 말했던 히브리 청년 세 사람 다니엘과 그 친구들의 태도와 같았습니다.

"우리가 이 일에 대하여 왕에게 대답할 필요가 없나이다 왕이여 우리가 섬기는 하나님이 계시다면 우리를 맹렬히 타는 풀무불 가운데서 능히 건져내시겠고 왕의 손에서도 건져내시리이다 그렇게 하지 아니하실지라도 왕이여 우리가 왕의 신들을 섬기지도 아니하고 왕이 세우신 금 신상에게 절하지도 아니할 줄을 아옵소서."

그들은 절하는 것보다 불에 타 죽는 것을 더 선호했습니다. 그의 슬로건 중 하나는 이것이었습니다.

"의의 면류관을 쓰고자 한다면, 믿음을 지켜라."

사역을 새롭게 해준 두 가지 슬픈 사건

위글스워스의 생애에 두 가지 큰 슬픔이 있었다. 그 중 하나는,

그의 사랑하는 아내가 1913년 53세에 일찍 천국으로 간 것이었다.

위글스워스의 아내는 마지막 생명이 다할 때까지 주님을 섬겼다. 그녀가 보우랜드 스트리트 선교회에서 돌아오는 길에 그녀는 심장마비를 일으켰다. 그날 밤 위글스워스는 스코틀랜드로 갈 예정이었지만, 그가 기차에 오르기 전, 역에서 그의 아내가 매우 위중하다는 소식이 그에게 전해졌다. 그는 급히 집으로 달려갔다. 그가 우리에게 말한 것으로 미루어 볼 때, 그녀의 영은 이미 떠나서 주님과 함께 있었던 것 같다. 그러나 그가 죽음을 꾸짖자 그녀의 영이 잠시 돌아왔다. 하지만 그때 주님께서 그의 신령에 이르시기를 이렇게 말씀하셨다.

"이제는 네 아내를 본향으로 데려오고 싶은 시간이 되었다."

그래서 그는 가슴이 미어지는 슬픔을 안고 그 오랜 세월 동안 사랑했던 사람을 그리스도의 품으로 떠나보냈다. 그러나 우리가 보기엔 그때부터 그의 사역은 새로운 달콤함과 새로운 힘을 갖게 된 것 같다.

다른 하나의 슬픔은, 아내가 떠나고 2년 후 1915년 그의 막내아들 조지가 주님의 품으로 간 때이다. 이것은 그의 사랑하는 마음에 큰 상처였다. 하지만 그 뒤에 이어지는 편지로 볼 때 그가 그의 아들을 떠나보낸 후에, 그의 주님이자 주인을 위한 더욱 깊은 헌신과 새롭고 더 큰 긍휼의 사역으로 들어간 것 같았다.

15

동정하고 긍휼히 여기는 마음

"아, 그런데 그녀는 어떻습니까?"

우리의 그레이트하트가 이 질문을 얼마나 자주 했던가! 이런 말은 사랑이 넘치는 그의 마음을 대표했다. 그것은 인간의 나약함과 하나 되어 고통을 겪는 사람들을 동정하고 체휼하는 그들의 고통을 동일하게 느끼는 것에서 밝히 드러났다.

이 질문은 그가 대화할 때마다 마지막으로 질문한 말이었으며, 또한 스미스 위글스워스가 이 땅에서 말한 마지막 말이기도 했다.

몇 주 전에 그는 웨이크필드 Wakefield 에 병세가 심한 여성의 집을 방문한 적이 있었다. 그녀는 여러 해 동안 전신에 암이 퍼져서 몸이 심하게 망가졌고 극심한 통증을 겪고 있었다. 인간적인 관점에서 보면 그녀의 상황은 절망적이었다. 그가 이 사랑스러운 여성에게 말씀을 전하고 기도를 하자, 그녀가 그의 사역에 반응을 보였다. 하나님의 권능이 강력하게 나타났고, 그녀는 침대에서 일어나 두 손을 높이 들고 방 안을 걸어 다녔다. 확실히 하나님께서 그녀를 치유하신 것처럼 보였다. 우리의 그레이트하트는 이 자매를 위해 기도할 때 자신의 영이 크게 축복을 받았고, 그가 브래드포드로 돌아왔을 때 그의 딸은 다음과 같이 썼다.

"그 집은 하나님의 임재와 향기로 가득 찼습니다. 예배는 사랑스러웠습니다. 위글스워스는 이렇게 기도했습니다. '오 주님, 우리가 한순간도 주의 말씀에서 떠난 적이 없다는 것을 주님께서 아십니다. 주의 말씀은 언제나 충분했습니다. 주여, 우리가 주의 말씀을 한 번도 의심한 적이 없다는 것을 주님은 알고 계십니다. 주님은 치료자이시요, 해방자이시며, 우리에게 필요한 모든 것이십니다.' 그것은 사랑스럽고, 단순하며, 어린아이 같은 기도였습니다. 그의 얼굴을 보니 천국이었습니다."

위의 사건이 있은 지 얼마 후에 그가 이 여성의 담임목사인 윌프레드 리처드슨 Wilfred Richardson 을 만나러 갔다. 그가 급히 병원으로 이송되어 꼭 필요한 수술을 받고 입원해 있었기 때문이다. 이 두 연로한 남자들이 서로 다정하게 포옹할 때 긍휼과 사랑의 눈물로 범벅되었다.

"성도들이 뭐라 할까요?"라고 리처드슨 목사가 탄식했다.

"우리 교인들에게 내가 무슨 말을 할 수 있겠습니까? 30년 넘게 신유를 설교하고 가르쳐온 내가 지금 병원에 입원해서 수술을 받았으니!"

그의 친구의 사랑스러운 조언과 위로에도 불구하고, 이 목사는 계속 자책하면서 말했다.

"나는 내 자신을 도무지 용서할 수 없어요, 절대로!"

아마도 그의 이런 마음의 태도가 그의 죽음에 기여했을 것이다. 그는 약 10주 후에 세상을 떠났다.

겨울은 유난히 혹독했고, 눈도 많이 내렸다. 그래서 이제 87세인 스미스 위글스워스는 실내에 있는 시간이 많아졌다. 그러나 그는 이 사랑하는 친구의 별세 소식을 듣자 이렇게 말했다.

"나는 그의 장례식에 꼭 참석할 거야."

그는 따뜻한 양복을 입고, 얼마나 기분이 좋았는지! 몇몇 친구들이 그를 태우고 웨이크필드로 갔다. 그들은 말하길 그가 그토록 기쁨에 찬 것을 본 적이 없었다고 했다. 그들이 13마일 20킬로미터 을 달릴 때, 그는 그와 아내가 부흥회를 열었던 여러 다른 교회들을 그들에게 알려주고 이런 집회와 관련된 사건들에 대해 이야기했다.

그의 사위 제임스 솔터는 이 장례 예배를 인도해 달라는 요청을 받아 장인보다 먼저 교회당에 도착했다. 위글스워스가 도착하자, 솔터가 작은 석탄불 난로가 타고 있는 제의실로 그를 모셨다.

그가 문에 들어서자, 몇 주 전 암에서 해방되게 기도해주었던 그 아픈 여성의 부친 히버트 Hibbert 를 만났다. 이 사랑하는 하나님의 사람에게 다음과 같은 질문을 던졌다.

"아, 그런데 딸은 어떻습니까?"

그는 거의 조바심에 가까운 열의를 가지고 진지하게 대답을 기다렸다. 그는 그녀가 완전히 해방되었다는 소식을 듣기를 기대했지만, 히버트는 주저하며 대답을 머뭇거렸다.

“딸은 조금 나아졌어요. 조금 수월해졌지요. 지난 며칠 동안 통증은 그리 심하지는 않았습니다.”

이 말은 그가 기대했던 승리의 보고가 아니었다. 그의 억제된 실망의 고뇌가 그의 존재 깊은 곳에서 나오는 한숨으로 나타났다. 그것은 스미스 위글스워스의 마음을 너무나 아프게 한 긍휼의 한숨이었다.

이에 그의 턱이 그의 가슴에 떨구어졌다. 그리고 그는 아무런 고통도 없이 그가 그토록 사랑했던 주님의 품에 안기게 되었다. 그가 어린 시절부터 너무도 사랑했고 충성스럽게 섬겨왔던 주님 곁으로 갔다. 그는 몇주 전에 에녹이 하나님과 동행하다가 바로 영광으로 들어간 이야기를 우리에게 편지로 써서 보냈다. 그는 자신이 참으로 에녹처럼 되기를 끊임없이 기도하고 있었는데, 그대로 되었다. 그가 갑작스럽게 본향으로 간 것은 마치 승천과도 같았다. 하나님이 그를 데려가시므로 그는 세상에 있지 않았다.

전 세계 청중들이여, 그분을 믿는 것이다

한 친구에 따르면, 그는 약 15년 전에 어떤 집회에서 이렇게 말한 바가 있었다.

"나는 주님께 15년을 더 살며 주님을 섬기게 해달라고 기도하고 있습니다."

주님께서는 그에게 그 15년을 심지어 바로 그 주간까지도 맞추어 주셨다. 그 세월 동안에 그는 미국과 남아프리카, 호주와 뉴질랜드 외에 유럽 국가 대부분을 방문하며 집회를 열었다. 그리고 그는 그 따르는 표적으로 말씀이 확증되어 하나님께 영광 돌리는 것을 보는 기쁨을 누렸다.

스미스 위글스워스

그가 80세를 넘기자, 때때로 사람들이 그에게 이런 말을 했다.

"누가 목사님의 겉옷을 받을지 궁금합니다."

그는 "난 아직 끝나지 않았어요!"라고 대답했다.

그러나 그가 전 세계 청중들에게 이렇게 말했다.

"하나님은 여러분을 위해 모든 것을 갖고 계십니다. 하나님은 여러분이 어떤 은사에도 뒤처지는 것을 원하지 않으십니다. 하나님이 여러분에게 요구하시는 유일한 한 가지는 바로 그분을 믿는 것입니다."

그는 이렇게 말하곤 했다.

"밤새도록 하나님께 부르짖는 것보다 1분 동안 하나님을 믿음으로써 하나님으로부터 더 많은 것을 얻을 수 있습니다."

"만일 여러분이 하나님의 은혜에 마음을 연다면, 하나님께서 들어오셔서 여러분 안에 확실한 믿음을 넣어주실 것입니다."

전 세계적으로 그의 믿음은 단순한 노래로 표현되었다.

믿기만 하라, 믿기만 하라.

모든 것이 가능하니, 믿기만 하라.

스미스 위글스워스의 설교

우리는 '믿음'이라는 주제에 관한 스미스 위글스워스의 설교 중 한 편을 소개함으로 이 책을 마치고자 한다.

지금도 말하느니라

믿음으로 아벨은 가인보다 더 나은 제사를 하나님께 드림으로 … 믿음으로 에녹은 죽음을 보지 않고 옮겨졌으니 … 믿음으로 노아는 … 방주를 준비하여 그 집을 구원하였으니 … 믿음으로 아브라함은 부르심을 받았을 때에 순종하여 장래의 유업으로 받을 땅에 나아갈새 갈 바를 알지 못하고 나아갔으며 히 11:4-8

하나님의 모든 보화에 이르는 유일한 길은 곧 믿음의 길입니다. 모든 것이 가능합니다. 모든 약속의 성취는 믿는 자에게 이루어집니다. 말씀이 사가랴에게 임했을 때, 그는 불신앙으로 가득했습니다. 마침내 천사가 말했습니다.

네가 말 못하는 자가 되어 능히 말을 못하리니 이는 네가 내 말을 믿지 아니함이거니와 눅 1:20

마리아는 이렇게 말했습니다.

말씀대로 내게 이루어지이다 눅 1:38

주님께서는 그녀가 말씀대로 이루어질 것을 믿은 것을 기뻐하셨습니다. 하나님께서 말씀하신 것을 우리가 믿을 때, 그대로 이루어질 것입니다.

베드로가 감옥에서 나오도록 밤새 기도하는 사람들이 있었습니다. 그러나 그들이 밤새 기도했지만, 한 가지 빠진 게 있었는데, 그것은 바로 믿음이었습니다.

소녀 로데는 다른 모든 사람들보다 믿음이 더 컸습니다. 대문을 두드리는 소리가 났을 때, 그 소녀가 달려갔습니다 행 12:13. 왜냐하면 소녀는 자신의 기도에 대한 응답을 기대하고 있었기 때문입니다. 소녀는 베드로의 음성을 듣자마자, 달려 들어가 베드로가 문 앞에 서 있다고 그들에게 알렸습니다.

그러자 사람들은 모두 "네가 미쳤구나. 그럴 리가 없다"라고 말했습니다. 그것은 믿음이 아니었습니다.

베드로가 거기에 와 있다고 소녀가 계속 주장하자, 그들이 말했습니다.

"글쎄, 아마도 하나님께서 그의 천사를 보내셨나 보다."

그러나 로데는 "베드로에요"라고 주장했고, 베드로는 계속해서 문을 두드렸습니다. 그들이 나가서 보니 과연 베드로였습니다. 로데가 믿었던 것이 영광스러운 사실이 되었습니다.

믿음으로 행하라

사랑하는 여러분, 우리가 많이 기도하며 탄식할 수 있습니다. 그러나 그것으로는 하나님께로부터 응답을 받지 못합니다. 우리는 믿어야 받는 것입니다. 그러나 사람이 기도에 힘쓰면, 그는 자신의 엄청난 죄악이 그를 짓누르고 있기 때문에 신음하고 산고하며, 하나님 앞에서 깨어지게 됩니다. 완전히 깨어지면, 하나님의 신적인 계획과 완벽한 조화를 이루게 되며, 그러면 하나님께서는 그 질그릇 안에서 일하실 수 있습니다. 그 전에는 그렇게 하실 수 없습니다.

기도는 하나님을 변화시키는 것이 아니라 우리의 마음을 변화시킵니다. 하나님은 어제나 오늘이나 변함없이 동일하십니다. 사랑으로 충만하시고, 긍휼로 충만하시고, 자비로 충만하시고, 은혜로 충만하셔서 우리가 믿음으로 그에게 나아갈 때 이것들을 우리에게 베풀어 주시고 전달하실 준비가 되어 있으십니다.

여러분이 하나님 앞에 나아갈 때, 여러분이 원하는 모든 것을 얻을 수 있다는 것을 믿으십시오. 여러분이 그것을 가져갈 수도 있고, 그것을 사용할 수도 있습니다. 왜냐하면 하나님의 모든 능력이 여러분의 믿음에 달려 있기 때문입니다. 그 모든 것에 대한 대가는 갈보리에서 예수 그리스도의 보혈로 지불되었습니다.

히브리서 말씀을 읽습니다.

> 믿음으로 에녹은 죽음을 보지 않고 옮겨졌으니 … 그는 옮겨지기 전에 하나님을 기쁘시게 하는 자라 하는 증거를 받았느니라 히 11:5

우리는 성령님을 통하여 하나님과 동행하도록 부르심을 받았습니다. 우리가 하나님과 대화하고 그분과 교제할 수 있다는 것을 아는 것은 기쁜 일입니다. 주님께서 우리에게 주시는 이 놀라운 성령세례를 통하여, 하나님은 성령님이 주시는 언어, 곧 사람은 이해하지 못하나 하나님은 이해하시는 언어인 사랑의 언어로 우리가 그분과 대화할 수 있게 하십니다. 우리가 영으로 하나님께 말씀드리고, 성령께서는 우리를 들어 올리고 또 들어 올리셔서 하나님의 존전 앞으로 인도해 주시니 이 얼마나 놀라운 일입니까! 하나님께서 성령으로 우리 모두를 움직이셔서 에녹이 하나님과 동행했던 것처럼 우리도 하나님과 그렇게 동행하기를 기도합니다.

사랑하는 여러분, 그러나 그것은 눈으로 보는 것이 아니라 믿음으로 행하는 것입니다. 하나님의 말씀을 믿는 믿음으로 행하는 것입니다.

하나님의 말씀을 믿는 믿음

나는 여러분에게 우리의 믿음과 예수님의 믿음의 차이점을 알려 드리고 싶습니다. 우리의 믿음은 한계가 있고 금새 끝이 납니다. 대부분의 사람들은 "주여, 나는 더 이상 갈 수 없습니다. 이미 많이 왔습니다. 더 이상은 나아갈 수가 없습니다"라고 말하는 자리에 와 본 경험이 있을 것입니다. 그러나 하나님은 우리를 도우실 수 있고, 우리를 이 이상으로 우리를 인도하실 수 있습니다.

영국 북부에서 있었던 어느 날 밤의 일이 기억납니다. 저는 한 집으로 인도받았는데 젊은 여성이 침대에 누워 있었고 아주 절망적인 상태였습니다. 그녀의 이성은 정상이 아니었고 완전히 사탄적인 현상들이 많이 나타났습니다.

그녀는 아름다운 젊은 여성이었습니다. 그녀의 남편도 꽤 젊은 사람이었습니다. 그는 아기를 품에 안고 들어와서 몸을 굽혀 아내에게 키스했습니다. 그가 그렇게 한 순간, 그녀는 마치 미치광이처럼 침대 반대편으로 몸을 던졌고, 남편이 있다는 것도 의식하지 못했습니다. 가슴이 찢어지는 일이었습니다. 남편은 아기를 안고 아기의 입술을 엄마에게 바짝 댔습니다. 다시 한 번 격렬한 광란이 일어났습니다. 나는 그녀를 간호하는 자매에게 말했습니다.

"도와줄 사람이 있습니까?"

"우리가 할 수 있는 모든 일을 다 했습니다."

"영적인 도움은 없었나요?"

그녀의 남편이 호통을 치며 말했습니다.

"영적인 도움이요? 우리가 7주 동안 잠 한숨 못 자고 이런 미치광이 상태를 겪고 있는데 우리가 하나님을 믿는다고 생각합니까? 우리가 하나님을 믿는다고 생각한다면, 당신은 잘못 생각하고 있는 겁니다. 집을 잘못 찾아오신 거예요."

그 때 열여덟 살쯤 되는 소녀가 문밖으로 나가면서 나를 향해 히죽 웃었는데, "당신은 아무것도 할 수 없어요"라고 말하는 것 같았습니다. 그러나 이로 말미암아 나는 이 가련한 젊은 여성에 대한 긍휼의 자리에 이르게 되었습니다. 그런 다음 나는 내게 있는 믿음을 가지고 천국을 침노하기 시작했습니다. 나는 곧 가장 높은 곳에 올랐습니다. 내가 여러분에게 말하는데, 나는 지상에서 땅의 수준에서 기도한 사람이 하나님으로부터 무엇인가를 받는 것을 결코 본 적이 없습니다.

여러분이 하나님으로부터 무엇인가를 받으려면 여러분은 바로 천국을 침노하는 기도를 해야 합니다. 여러분이 원하는 모든 것이 그곳에 있기 때문입니다. 만일 여러분이 육신인 것에 푹 빠져 있고 세속적인 삶을 살면서 하늘로부터 오는 것을 기대한다면, 그것은 결코 오지 않을 것입니다. 하나님은 우리가 하늘 백성이 되어 그분과 함께 하늘에 앉아, 우리가 마음껏 사용할 수 있는 하늘에 있는 모든 것들을 붙잡기를 원하십니다.

나는 그 정신 이상자 여성 앞에서 내 믿음의 한계를 보았습니다. 그러나 내가 기도하는 동안 거부할 수 없는 또 다른 믿음 약속을 붙잡는 '믿음', 하나님의 말씀을 믿는 '믿음' 이 내 마음속에 들어왔습니다. 나는 천국을 침노함으로 가장 높은 곳에 올랐고, 그 영광의 임재하심으로부터 다시 땅으로 돌아와 상황을 바라보았습니다.

나는 예전과 같은 사람이 아니었습니다. 나는 이전과 동일한 상황에 직면했지만, 이번에는 예수 이름으로 직면했습니다. 나는 지옥을 흔들고 모든 것을 움직일 수 있는 믿음을 가지고 이 젊은 여자를 미치게 하는 그 귀신의 세력에게 외쳤습니다.

"예수의 이름으로 명하노니 그 여자에게서 나오라!"

그녀는 몸을 구르더니 잠이 들었고, 14시간 만에 온전해진 정신과 완전히 건강한 모습으로 깨어났습니다.

살아 있는 하나님의 말씀

에녹은 하나님과 대화했습니다. 나는 하나님과 끊임없이 대화하며 살고 싶습니다. 어릴 적부터 하나님께서 나에게 성경에 대한 즐거움을 주신 것에 감사를 드립니다. 나는 성경이 내 영혼을 위한 양식임을 알았습니다. 그것은 믿는 자에게 힘입니다. 그것은 하나님 안에서 우리의 인격을 빚어갑니다. 우리가 하나님의 말씀을 온유함으로 받을 때, 우리는 성령으로 말미암아 영광에서 영광으로 변화됩니다. 또한 이 성경을 통해 믿음이 옵니다. 믿음은 들음에서 나며, 들음은 하나님의 말씀으로 말미암기 때문입니다.

나는 우리의 모든 실패가 하나님의 말씀을 불완전하게 이해하기 때문에 온다고 믿습니다. 믿음이 아니고는 다른 어떤 방법으로도 하나님을 기쁘시게 할 수 없습니다. 믿음으로 말미암지 않는 모든 것은 죄입니다. 그렇다면 이런 믿음을 우리가 어떻게 얻을 수 있을까요? 히브리서 12장에 비밀이 나와 있습니다.

> 우리 믿음의 주요 또 온전하게 하시는 이인 예수를 바라보라 히 12:2

그는 믿음의 저자이십니다. 오, 우주를 창조하셨고 그의 능력의 힘으로 그 모든 것을 붙드시는 우리 그리스도의 능력이여! 이 광대한 우주를 만드신 하나님께서 우리를 새로운 피조물로 만드셨습니다. 그가 말씀하시매 별들이 생겨났습니다. 그런 분이 우리 안에 강력한 믿음을 갖게 하는 말씀을 선포할 수 없겠습니까?

오, 우리의 믿음의 창시자요 또 완성자이신 이 분이 우리 안에 들어오셔서, 우리 안에 거하시고, 그의 성령으로 우리를 살리시며,

그분의 뜻으로 우리를 빚으십니다. 우리 안에서 착한 일을 시작하신 분이 그것을 완성하시고 완전케 하실 것입니다. 왜냐하면 그분은 우리의 믿음의 창시자이실 뿐만 아니라 또한 완성자이시고, 온전하게 하시는 분이시기 때문입니다.

> 하나님의 말씀은 살아 있고 활력이 있어 좌우에 날 선 어떤 검보다도 예리하여 혼과 영과 및 관절과 골수를 찔러 쪼개기까지 하며 또 마음의 생각과 뜻을 판단하나니 히 4:12

하나님의 말씀이 어떻게 육신적인 욕망과 이기심과 악이 가득한 혼과 영을 쪼개는지! 주님께서 우리에게서 세속적이고 육신적인 모든 것을 끊어버리시고 우리를 영적인 사람으로 만드실 수 있다는 사실에 하나님께 감사를 드립니다. 그분은 우리의 모든 이기심을 사망의 자리로 가져가실 수 있습니다. 그분은 살아 있는 말씀을 통하여 세속적이고 육신의 욕망적인 것을 멸하시고, 예수님의 생명을 우리 존재 안으로 가져오실 수 있습니다.

살아 있는 말씀은 우리의 골수까지 찔러 쪼갭니다. 내가 호주에서 집회할 때, 척추가 이중으로 구부러진 상태로 찾아온 사람들이 많았습니다. 그러나 주의 말씀이 그들의 척추 골수까지 들어가 내가 예수의 이름으로 그들에게 안수하자 즉시 치유되었고 척추는 곧게 펴졌습니다. 살아 있는 말씀이신 하나님의 신성한 아들 예수께서 그분의 능력을 통해 척추의 구부러진 부분을 움직이셔서 곧게 펴셨습니다. 오, 강력한 말씀의 능력을 주신 하나님께 감사드립니다!

하나님은 우리를 우리 자신에게서 그분 안으로 인도하기 위하여 오셨습니다. 우리를 평범한 것에서 비범한 것으로, 인간적인 것에서 신적인 것으로 인도하셔서 그의 아들의 형상대로 우리를 만드시려는 분! 오, 얼마나 놀라우신 구주이신지요!

하나님께서 요한일서에 이렇게 기록하셨습니다.

> 우리가 지금은 하나님의 자녀라 장래에 어떻게 될지는 아직 나타나지 아니하였으나 그가 나타나시면 우리가 그와 같을 줄을 아는 것은 그의 참모습 그대로 볼 것이기 때문이니 요일 3:2

그러나 지금도 주님은 살아 계신 하나님의 성령을 통해 우리를 영광에서 영광으로 변화시키길 원하십니다. 하나님을 믿으십시오. 그의 아들을 믿으십시오. 성령을 믿으십시오. 그러면 삼위일체 하나님께서 여러분 안에서 역사하셔서 그의 기쁘신 뜻을 위하여 여러분에게 소원을 두고 여러분 안에서 행하실 것입니다. 아멘!

◇◇◇ 우리 중 너무나 많은 사람들이 구원의 저지대에 살고 있습니다. 당신을 신성한 하나님의 은혜의 고지로 부르시는 음성이 들리지 않습니까? 등산은 짜릿합니다! 자, 이제 출발합시다! 헤브론의 고지가 우리 앞에 우뚝 솟아 있습니다. 아직 우리가 요구하지 않은 하늘의 유산을 탐험해 볼까요?

◇◇◇ "성령으로 충만하라"는 말씀은 성령에 흠뻑 잠기라는 뜻입니다. 그렇게 흠뻑 잠기면 여러분의 인생의 옷감의 모든 실들이 없어서는 안 될 성령의 색상으로 물들여질 것입니다. 그러면 여러분이 궁지에 몰렸을 때, 여러분에게서 흘러나오는 모든 것은 오직 예수의 본성일 것입니다.

◇◇◇ 우리는 큰 평판보다 풍요롭고 고귀한 성품에 훨씬 더 관심을 가져야 합니다. 인기는 언제든지 노래 한 곡으로도 살 수 있고 참새 한 마리에 팔릴 수 있지만, 고귀한 성품은 수년간에 걸친 거룩한 훈련과 그의 대한 열매입니다.

◇◇◇ 그리스도인들이 겪는 고통은 가난이 아니라, 인색함과 이기심이라는 질병에 고통 받습니다. 그들은 자신과 그들의 자녀들과 그들의 즐거움을 위해 충분히 누리고 아끼지 않는 반면, 하나님의 영광과 공동체의 유익을 도모하기 위해 드릴 마음은 부족합니다.

◇◇◇ 너무도 많은 사람들이 평생을 생계를 유지하는 것에 소비합니다. 생계를 유지하는 것은 작고, 시간을 낭비하며, 왜소하고, 마비된 인간의 목적입니다. 그러나 생명을 창조하는 것은 위엄 있고, 의로우며, 거룩한 사람의 목적입니다. 전자는 편협하고 감옥에 갇힌 자아의 세상에 살고 있고, 후자는 무한과 영원이 한계를 가질 때만 제한되는 세상에 살고 있습니다.

◇◇◇ 소인배는 잘못을 지적하기를 좋아하나, 대인배는 좋은 점을 인정해 주기를 좋아합니다. 인색한 사람들은 항상 부정적인 사람들이나, 긍정적인 사람들은 큰 마음을 소유한 사람들입니다. 그들은 인생에 보탬을 주고 더 풍요롭게 합니다. 그들은 "감사"의 햇빛을 통해 우리 안에 가장 좋은 모든 것을 불러냅니다.

◇◇◇ 생명의 공급에 주의를 기울이십시오. 내면의 에너지가 새로

워지지 않으면 외적인 봉사는 점차 감소될 것입니다.

◇◇◇ 화려한 조직의 대부분은 찬란한 공허함일 뿐입니다. 반면 조용하고 눈에 띄지 않는 교제 fellowship 는 주님의 탁월한 영광으로 가득합니다.

◇◇◇ 우리는 성령 안에서 인생의 큰 소용돌이의 바깥쪽 원을 만졌을 뿐입니다. 사람의 손길이 닿지 않은 신적인 사랑의 영역에는 숨겨진 경이로움이 있습니다. 속량의 은혜가 가득한 열대의 풍요로움을 따라가야 할 새로운 길들이 있습니다.

◇◇◇ "성령으로 충만하라." 즉 성령으로 꽉 차서 다른 어떤 것도 들어갈 여지가 없을 정도까지 가득 채워 충만하십시오. 그러한 삶의 유익은 무엇입니까? 사람은 의식의 중심 영역에 도달하는 것만을 느낄 수 있습니다. 만일 우리가 악이 그 의식 내면의 영역에 들어오지 못하게 한다면, 우리는 그것의 독성을 파괴하는 것입니다. 그러므로 우리의 의식을 주님의 영광의 임재로 가득 차게 한다면, 파괴적인 공격의 실수나 쓰라린 실망을 위한 자리가 결코 용납되지 않을 것입니다.

◇◇◇ 시험을 겪지 않고 시험에 대한 승리를 논할 수 있는 사람은

아무도 없습니다. 모든 승리는 전투를 통해 얻어집니다.

◇◇◇ 당신은 매일 더 높은 곳을 개척해야 합니다. 하나님과 함께 전진하기 위해서는 자신을 부인해야 합니다. 여러분은 순결하고 거룩하지 않은 모든 것을 거부해야 합니다. 하나님은 당신의 마음이 청결하기를 원하십니다. 그분은 당신이 "거룩함"에 대한 강렬한 열망을 갖기를 원하십니다.

◇◇◇ 우리가 믿을 때 어떤 일들이 일어나기 시작합니다.

◇◇◇ 하나님의 말씀은 이 두 가지를 화합하지 않으면 아무런 유익도 없습니다. 그것은 '말씀을 듣는 사람'이 '그 말씀을 믿음으로 화합하는 것'입니다.

◇◇◇ 하나님은 당신이 성령으로 충만해서 당신의 삶 전체가 찬양이 되길 원하십니다.

◇◇◇ 그리스도께서 보여주신 가장 위대한 계획은 섬김의 사역이었습니다. 우리가 순수한 사랑으로 섬기는 자리에 이를 때, 우리의 거룩한 주인의 손이 우리에게 임하는 것을 보게 될 것이며, 우리는 결코 실패하지 않을 것입니다.

◇◇◇ 여러분은 어떤 분열도 주의 몸 된 교회 안으로 들어오지 못하도록 하나님께 대한 충성으로 영원히 묶여 있습니다.

◇◇◇ 오늘 이 두 가지가 여러분을 하나님의 위대한 약속 안으로 뛰어오르게 할 것입니다. 하나는 순결이고, 다른 하나는 믿음입니다. 믿음은 순결로 인해 점점 더 불붙기 시작합니다.

◇◇◇ 하나님께는 뒤를 돌아보거나, 돌이켜 생각하거나, 돌이켜 행동하는 사람을 위한 자리가 없습니다.

◇◇◇ 하나님의 말씀은 더이상 기도할 필요가 없습니다. 하나님의 말씀은 그저 받아들이고 순종하기 위한 것입니다.

◇◇◇ 화합이 있는 곳에는 항상 축복이 있습니다. "한마음"이 바로 승리의 기조입니다. 그것에 유의하여 화합을 방해하는 어떤 말도 입 밖으로 나오지 말도록 하십시오. 오히려 모든 사람을 돕고, 모든 사람을 북돋아 주는 자리에 서며, 모든 사람이 함께 완벽한 조화를 이루도록 이끄십시오.

◇◇◇ 구하기를 두려워하지 마십시오. 하나님께서는 보좌에 앉아 응답하실 준비가 되어 있으십니다.

◇◇◇ 당신의 감정대로 살 때는 언제나 우울할 수 있습니다. 하나님께서 우리를 그리스도 안에서 만물 위에 높이 세우셨음을 기억하십시오. 그분은 '만물이 다 너희 것'이라고 말씀하십니다. 우리는 '하나님의 상속자요, 그리스도와 함께한 상속자'입니다.

◇◇◇ 만약 당신에게 잃어버린 영혼에 대한 마음이 있으며 그들의 필요가 당신 앞에 늘 보인다면, 당신이 주님을 바라볼 때마다 주님께서 당신의 그 긍휼한 마음을 표현하게 하실 것이며 당신을 설교자로 삼아주실 것입니다.

◇◇◇ 예수님만큼 사랑과 긍휼의 마음을 가지고 세상에 오시고 사람들의 모든 필요를 채워주신 분은 아무도 없습니다. 예수께서 우리에게 이렇게 선언하십니다. "내가 진실로 진실로 너희에게 이르노니 나를 믿는 자는 내가 하는 일을 그도 할 것이요 또한 그보다 큰일도 하리니 이는 내가 아버지께로 감이라." 요 14:12 하나님께서는 우리 모두가 말씀에 명시된 모든 것을 믿는 담대한 믿음을 갖길 원하십니다.

◇◇◇ 주님이 우리 가운데 계시고, 치유하고 축복하는 그분의 능력이 있다는 것을 여러분에게 보여주기 위해서 우리가 시연을

하려고 합니다. 사도행전에 이런 말씀이 있습니다. "예수께서 행하시며 가르치시기를 시작하심부터." 그의 행하심은 그의 가르치심보다 앞섰습니다. 그리스도가 전하신 모든 설교는 이의 모델이 되는 기적에 의해 시작되었습니다. 우리는 주님의 예를 따르려고 합니다. 이 많은 청중 중에서 지금 서 있는 그 첫 번째 사람이 어떤 질병을 앓고 있든 나는 그 사람을 위해 기도할 것이며 하나님께서 그를 구원해 주실 것입니다.

◇◇◇ 나는 보는 것이나 듣는 것에 의해서 움직이지 않습니다. 나는 내가 믿는 것에 의해서 움직입니다."

◇◇◇ 내가 매일 경험하는 것은 바로 이것입니다. 나는 긍휼함에 의해 움직입니다.

◇◇◇ 나는 하나님께서 말씀하신 그대로 모든 영혼을 내게 주셨다고 믿습니다. 그것이 오순절 성령운동에 대한 나의 개념입니다. 오순절은 성령운동은 성령이 당신에게 임하신 후에 당신은 능력을 받았다는 것을 믿는 것입니다. 믿기를 두려워하지 마십시오. 하나님께서 그의 크고 보배로운 약속을 통하여 당신을 신의 성품에 참여한 자로 만드시고 계심을 믿으십시오. 당신 안에서 역사하시는 하나님의 영원한 능력은 세상의 그

무엇도 결코 능가할 수 없는 신령한 영성으로 당신을 이끌어 갈 것입니다.

◇◇◇ 도서관은 머리를 크게 하지만, 하나님의 말씀은 마음을 크게 넓혀줍니다. 우리는 말씀으로 넓혀진 마음, 즉 주님의 생명과 능력을 보여줄 하나님의 사랑의 향기로 충만한 마음을 가져야 합니다.

◇◇◇ 믿음은 들음에서 나며, 들음은 주석을 읽음으로가 아니라, 하나님의 말씀으로 말미암습니다. 믿음은 하나님의 말씀의 원리입니다. 말씀에 감동하심을 주신 성령은 진리의 영이라고 부릅니다. 우리가 마음에 심어진 말씀을 온유함으로 받을 때 믿음이 우리 마음에 생겨납니다. 갈보리 희생을 믿는 믿음, 예수의 흘린 보혈을 믿는 믿음, 그가 우리의 연약한 것을 친히 담당하시고, 그가 우리의 질병을 짊어지시고 우리의 통증을 가져가셨으며, 그가 오늘날 우리의 생명이라는 사실을 믿는 믿음이 우리의 마음에 생겨납니다. 하나님의 말씀은 살아 있고, 능력이 있으며, 그 보물 속에서 당신은 영원한 생명을 얻을 것입니다. 만일 당신이 이 놀라운 생명의 주님을 감히 신뢰한다면, 당신은 그분 안에서 당신에게 필요한 모든 것을 얻을 것입니다.

◇◇◇ 여러분의 머리와 여러분의 마음을 성경 말씀으로 채우세요. 말씀의 구절들을, 그 책의 이름, 장, 절과 함께 암송하여 설교에서든 야외집회에서든 정확하게 성경을 인용할 수 있도록 하십시오. 여러분이 이렇게 할 때 여러분의 마음에 하나님의 성령께서 싹트게 하실 씨앗을 뿌리는 것이며, 성령께서는 여러분이 한번 암송해놓은 말씀을 때때로 생각나게 하실 것입니다. 여러분이 하나님의 말씀으로 완전히 흠뻑 젖고, 그 말씀으로 완전히 가득 차서, 여러분 자신이 살아 있는 편지로서 모든 사람에게 알려지고 읽혀지도록 하십시오.

◇◇◇ 신자는 하나님의 말씀이 그들 안에 머무를 때만 강합니다. 하나님의 말씀은 그것을 단순한 믿음으로 받는 사람에게 영이요 생명입니다. 말씀은 그 지배력을 가진 모든 사람에게 생명과 활력을 줍니다. 여러분의 성경책을 알고, 그대로 살고, 그것을 믿으며, 그것에 순종하십시오. 하나님의 말씀을 여러분의 마음속에 간직하십시오. 그것이 여러분의 영혼을 구원하고, 여러분의 몸을 살리며, 여러분의 생각 mind 을 밝혀줄 것입니다.

◇◇◇ 하나님의 말씀은 완전하고, 최종적이며, 오류가 없고, 신뢰할 만하며, 최신의 것입니다. 그러므로 그것에 대한 우리의 태도

는 아무 의심할 여지가 없는 순종이 되어야 합니다. 만일 성경에 어떤 것이 있다면 그것은 있는 것입니다. 그것에 대해 기도할 필요도 없습니다. 그것을 받아들이고 그에 따라 행동하면 됩니다. 믿음을 행하지 않는 것은 축복을 훔치는 강도입니다. 믿음의 성장 increase 은 행함으로써, 우리가 가진 것과 우리가 아는 것을 사용함으로써 옵니다. 여러분의 삶은 믿음에서 믿음으로 전진하는 삶이어야 합니다.

◇◇◇ 여러분이 감히 믿기 때문에, 순종하여 행해야 합니다.

◇◇◇ 치유에 관해서 내가 알고 있는 가장 좋은 전도지는 마태, 마가, 누가, 요한복음입니다. 거기에는 예수 그리스도의 능력과 역사하심을 말하는 사건들로 가득합니다. 그분은 어제나 오늘이나 영원토록 동일하십니다. 이것보다 더 나은 것은 없습니다.

◇◇◇ 이제 당신은 위대한 약속의 큰 더미 위에 서 있습니다. 그 약속들을 하나하나 다 믿으세요.

◇◇◇ 여러분은 준비가 되었습니까? 무엇을 위한 준비입니까? 하나님을 믿을 준비죠! 하나님께서 여러분을 위해 가지고 계신 비

전을 붙잡을 준비! 오늘 여러분을 위한 하나님의 계획에 바로 들어갈 준비 말입니다!

◇◇◇ 여기 모인 모든 사람들은 하나님의 가장 좋은 것을 놓치고 있습니다. 오순절 날에 제자들이 받았던 것과 같은 강력한 성령세례가 여기 모인 모든 사람을 위해 있다는 것을 내가 이 많은 청중에게 말하지 않고 침묵을 지키는 죄를 지으면 되겠습니까?

◇◇◇ 내가 성령세례를 받기 전, 지금 여러분이 가진 모든 것 성령과 개인의 경건함을 나도 가지고 있었습니다. 그렇다면 지금 여러분이 가진 모든 것과 더불어 내가 그 이후에 받은 이 성령세례를 무엇이라고 설명하시겠습니까?

◇◇◇ 나는 열흘 동안 주님을 기다리며 믿음으로 성령의 은사를 주장했지만, 1907년 선덜랜드에서 하나님 앞에 무릎을 꿇고 기도하는 중에 사도행전 2장 4절을 경험했습니다. 성령이 임하였고 나는 다락방에 모인 사람들처럼 새 방언으로 말했습니다. 그것은 나의 체험을 논쟁의 범위에서 벗어나 오로지 하나님의 거룩한 말씀의 기록 안에 두게 했습니다. 하나님께서 처음에 초대교회 성도들에게 주셨던 것처럼 나에게도 성령을

주셨습니다. 나도 연합과 조화와 하나 됨을 원하지만 나는 그것을 하나님의 방법으로 원합니다. 사도행전에서 새 방언을 말하는 것은 성령의 충만함과 흘러넘침의 표시였습니다. 나는 하나님께서 그의 방법을 바꾸셨다고 믿지 않습니다.

◇◇◇ 준비된 삶을 사십시오. 기회가 왔을 때 준비해야 한다면, 그때는 너무 늦은 것입니다. 기회는 기다려 주지 않습니다. 당신이 기도하는 동안이라 할지라도 마찬가지입니다. 당신은 준비할 필요가 없습니다. 준비된 채로 살아야 합니다.

◇◇◇ 기도를 믿는 사람들은 모두 한 손을 드세요. 큰소리로 기도하는 것을 믿는 사람은 두 손을 드세요. 이제 모두 일어나서 그대로 행하여 여러분의 마음이 원하는 것을 얻으십시오.

◇◇◇ 거룩한 손을 들어 기도하는 것은 제가 만들어낸 것이 아닙니다. 그것은 성경의 첫 책 창세기에 나와 있습니다. 아브라함이 그렇게 했습니다. 그리고 성경의 마지막 책 계시록에서 천사가 그렇게 하고 있다는 것을 읽을 수 있습니다. 모세, 아론, 다윗, 예레미야, 에스겔 모두가 그렇게 했습니다. 모세가 아말렉 족속에 대항하여 하나님께 손을 들어 올렸을 때 싸움의 성패가 좌우되었습니다 출 17:11-12 . 히브리서에는 "피곤한 손

을 들라"고 했습니다. 시편 134편에서 시편 기자는 주의 모든 성도에게 이렇게 명합니다. "성소를 향하여 너희 손을 들고 여호와를 송축하라." 바울은 이것을 디모데전서 2장 8절에서 이렇게 반복합니다. "그러므로 각처에서 남자들이 분노와 다툼이 없이 거룩한 손을 들어 기도하기를 원하노라." 느헤미야서에는 다음과 같은 사례가 나옵니다. "에스라가 위대하신 하나님 여호와를 송축하매 모든 백성이 손을 들고 아멘 아멘 하고 응답하고 몸을 굽혀 얼굴을 땅에 대고 여호와께 경배하니라"느 8:6. 그러므로 보시다시피 우리가 여기서 조금 더 나아가도 여전히 성경적입니다.

◇◇◇ 자, 누가 하나님께 더 가까이 가고 싶습니까? 누가 특별한 축복을 받기를 원합니까? 하나님을 갈망하는 사람은 모두 일어서십시오. 진정으로 간절히 원하는 사람은 앞으로 나오십시오. 여러분이 한 발짝만 앞으로 나온다면, 그것은 여러분이 진심이라는 것을 보여주는 것입니다. 여러분이 지금 바로 강단으로 올라온다면, 여러분과 함께 기도해드리겠습니다. 그러면 하나님께서 여러분을 만나주실 것입니다.

◇◇◇ 누가 믿음으로 손을 들고 하나님께 구하시겠습니까? 이제 구한 그것에 대해 하나님께 감사드리세요. 이제 다시 하나님께

당신의 기도제목을 구하십시오. 이제 하나님께 감사를 드리세요.

◇◇◇ 당신이 바라는 것을 구하십시오. 믿고, 하나님으로부터 받으십시오. 그리고 그것에 대해 하나님께 감사하십시오. 만일 당신이 같은 것을 위해 일곱 번 하나님께 구한다면, 여섯 번은 믿지 않은 것입니다.

◇◇◇ 당신은 언제든지 당신이 느끼고 싶을 때 당신의 감정을 느낄 수 있습니다. 그러나 느낌은 거짓말쟁이입니다. 이삭은 야곱을 만질 때 에서라고 느꼈으나, 이삭 역시도 속았습니다. 믿음은 느껴지는 감정보다 낫습니다. 만약 당신에게 믿음이 있다면 오히려 그 믿음을 통해 당신은 모든 느낌을 갖게 될 것입니다. 혈루증 여자가 믿음으로 예수님의 옷자락을 만졌을 때, 그녀는 곧 느낌을 갖게 되었고, 자신이 그 질병에서 나은 것을 몸으로 느꼈습니다.

◇◇◇ "믿기만 하라"는 그리스도의 말씀은 "오직 믿기만 하라"를 의미합니다. "믿는 것" 외에 하나님께 나아가 하나님으로부터 응답을 받는 다른 방법들은 이차적으로 중요한 것입니다.

◇◇◇ 설교자는 청중에게 자신이 생각하는 것을 말하지 말고 자신이 알고 있는 것을 말해야 하며, 그들로 하여금 그렇게 생각하도록 해야 합니다.

◇◇◇ 사람은 평범할 수 있지만, 성령으로 충만한 사람은 비범해야 합니다.

◇◇◇ 두려움은 보입니다. 반면, 믿음은 뛰어넘습니다.

◇◇◇ 믿음은 반드시 그 목적을 달성합니다. 내가 만일 여러분을 만났다가 그냥 헤어진다면, 나는 하나님의 통로가 아닙니다. 내가 여기 있는 것은 여러분을 즐겁게 해주기 위해서가 아니라 여러분의 불가능을 향해 비웃을 수 있는 자리로 데려가기 위함입니다. 산 자의 땅에서 주의 선하심을 믿고 보도록 돕기 위함입니다.

◇◇◇ 믿음의 사람은 항상 좋은 반응을 합니다. 나는 결코 쉬지 않는 불만이 만족하고 또 만족할 때까지 만족합니다.

◇◇◇ 우리는 우리의 작은 헤아림을 버려야 합니다. 왜냐하면 하나님의 헤아림은 우리의 헤아림보다 훨씬 더 크시기 때문입니

다. 그분의 헤어림은 결코 헤아릴 수 없습니다.

◇◇◇ 내가 자연적인 상태에서 "믿음으로" 하나님을 구하기 시작할 때, 하나님의 성령께서 항상 나를 만나 주시고 나에게 기름을 부으시지요. 그러므로 내가 성령의 감동이 느껴지지 않는 자연적인 상태에서 시작할 때에도, 여전히 성령 안에서 행합니다.

◇◇◇ 나는 그 어떤 돈으로도 살 수 없는 평안을 누리고 있습니다. 나는 천국의 미소를 갖고 있으며 그것은 수백만 달러의 가치가 있습니다. 나는 세상의 모든 금을 위해 희생하지 않을 것이라는 하늘의 확증을 받았습니다. 하나님의 기름 부음 아래에서의 1분이 온 세상보다 더욱 귀합니다. 내 머리와 가슴에 있는 하나님의 선한 뜻은 값을 매길 수 없는 보배입니다. 그런 내가 땅의 금을 위해 이것들을 희생하겠습니까? 절대로! 절대로 아닙니다!

◇◇◇ 큰 믿음은 큰 싸움의 산물입니다. 큰 간증은 큰 시험의 결과입니다. 큰 승리는 큰 시련에서만 나올 수 있습니다.

◇◇◇ 하나님께서는 반복적으로 그의 로드 롤러 road roller; 무거운 철

제 바퀴로 아스팔트를 단단하게 굳히는 중장비 를 나에게 보내셔서 나를 납작하게 만들어 주셨습니다. 그러나 그분께서는 나를 한 번도 바닥에 내버려 둔 적이 없습니다.

◇◇◇ 의의 면류관을 쓰고자 한다면, 믿음을 지키십시오.

◇◇◇ 오 주님, 우리가 한순간도 주의 말씀에서 떠난 적이 없다는 것을 주님께서 아십니다. 주의 말씀은 언제나 충분했습니다. 주여, 우리가 주의 말씀을 한 번도 의심한 적이 없다는 것을 주님은 알고 계십니다. 주님은 치료자이시요, 해방자이시며, 우리에게 필요한 모든 것이십니다.

◇◇◇ 하나님은 여러분을 위해 모든 것을 갖고 계십니다. 하나님은 여러분이 어떤 은사에도 뒤처지는 것을 원하지 않으십니다. 하나님이 여러분에게 요구하시는 유일한 한 가지는 바로 그분을 믿는 것입니다.

◇◇◇ 밤새도록 하나님께 부르짖는 것보다 1분 동안 하나님을 믿음으로써 하나님으로부터 더 많은 것을 얻을 수 있습니다.

◇◇◇ 만일 여러분이 하나님의 은혜에 마음을 연다면, 하나님께서

들어오셔서 여러분 안에 확실한 믿음을 넣어주실 것입니다.

스미스 위글스워스처럼

신학교 시절 교회사 시간에 19세기 중반 이후의 교회사는 제대로 배우지 못했다. 그러다 보니 19세기 중반부터 일어난 성결운동, 믿음치유운동, 하이어 라이프 운동, 케직운동과 20세기 초에 등장한 아주사 부흥운동 및 그 이후 지금까지 세계를 휩쓸고 있는 오순절 운동 Pentecostal Movement 에 대해서는 거의 알지 못했다. 그 이유는 신학교에서 교파 중심의 편향적인 신학교육 때문이다.

나는 개혁주의, 칼빈주의 신학교에서만 공부했기에 오순절 계열에 관련해서는 아는 바가 없었다. 케네스 해긴 목사의 레마 바이블 신학교 Rhema Bible Training College 에 유학하여 비로소 그쪽 신학에 눈을 뜨게 되었다. 공부하다 보니 오순절 계열에 위대한 주의 종들이 많았다. 그중 한 분이 바로 영국의 스미스 위글스워스 목사이다.

스미스 위글스워스는 히브리서 11장 후속편에 올릴 만한 믿음의 영웅이다. 위글스워스는 감리교, 성공회, 구세군, 침례교 등 교단을 거치면서 신앙훈련을 쌓았고, 오순절 성령세례 후에는 초기 오순절 신앙의 선구자로 영국, 유럽, 미국, 오세아니아주, 아시아, 아프리카를 순회하며 영혼 구원과 병자 치유에 헌신했다.

이 전기에 의하면, 그는 예수님과 사도들에 버금갈 정도로 전도와 질병 치유에 능했던 것을 알 수 있다. 그리고 그의 인격과 삶이 예수님을 닮았다고 보아 히브리서 11장의 후속편에 믿음의 영웅으로 올리기에 충분하다는 생각을 하게 되었다. 그를 만나면 불신자가 복음을 통해 구원받고, 질병이 떠났다.

저자는 그의 영적 힘의 비밀을 세 가지로 꼽았다. 하나님의 말씀에 대한 철저한 확신과 하나님의 성령을 크게 의지했다. 그리고 예수님처럼 긍휼의 마음이 넘쳤다. 죄로 망가진 영혼과 질병으로 부서진 몸을 볼 때마다 눈물이 쏟아졌다. 또 물질의 유혹에 깨끗했다. 이 상의 모든 것을 가능케 한 것은 그가 성령세례를 받은 결과였다. 그래서 그는 가는 곳마다 성령세례를 받게 했다.

성경에 "하나님의 나라는 말에 있지 아니하고 오직 능력에 있음이라" 고전 4:20 고 했다. 한국교회의 가장 큰 문제 중 하나는 말은 무성한 데 반해 그 말씀을 뒷받침할 능력이 없다는 데 있다. 능력이 나타나지 않는 기독교는 성경적 기독교라고 말할 수가 없다. 그 원인은 성령세례를 무시하고 성령의 은사와 기적, 치유를 부정하는 은사중단론 때문이라고 생각한다.

오늘날 한국교회에 가장 필요한 교회사적 인물은 스미스 위글스워스이며, 가장 빨리 읽어야 할 책이 바로 이 책이라고 믿는다. 교회와 목회자와 성도들이 영적 힘을 얻고 싶다면 이 책을 읽기 바란다.

한국교회와 목회자를 일깨우는데 크게 기여할 것이다.

오태용 목사

풍성한교회 원로목사, 유튜브 '케네스 해긴 치유학교' 운영

스미스 위글스워스처럼

1쇄 발행 | 2023. 10. 25
4쇄 발행 | 2024. 2. 20

지은이 | 스탠리 H. 프롯셈
옮긴이 | 오태용
펴낸이 | 오생현
펴낸곳 | 베다니출판사

등록 | 1992. 5. 6(제3-413호)
주소 | 서울시 송파구 새말로10길 18-1, 4층 (우편번호 05810)
전화 | (02) 448-9884~5
팩스 | (02) 6442-9884
www.bethany.co.kr
bethanyp@hanmail.net

값 18,000 원

ISBN 978-89-5958-255-6 (03230)

베다니출판사는 문서사역을 통해 예수가 삶의 주인과 구주가 되심의 진리를 발견하게 하고, 풍성한 삶과 증인의 삶을 살도록 돕습니다. 그리스도 안에 감춰인 복음의 비밀을 깊이 깨달을수록 더욱 풍성하고 행복한 삶을 살 수 있습니다.